◆ 华中科技大学文科学术著作出版基金资助

中国大学生
跨文化路径研究

◆ 彭仁忠 著

PATHWAYS FOR
CHINESE COLLEGE STUDENTS'
INTERCULTURAL COMPETENCE

中国社会科学出版社

图书在版编目（CIP）数据

中国大学生跨文化路径研究／彭仁忠著．—北京：中国社会科学出版社，
2017.9

ISBN 978 - 7 - 5203 - 0618 - 8

Ⅰ．①中…　Ⅱ．①彭…　Ⅲ．①大学生 - 文化交流 - 能力 - 研究 - 中国
Ⅳ．①G648.9

中国版本图书馆 CIP 数据核字（2017）第 148706 号

出 版 人　赵剑英
责任编辑　曲弘梅
责任校对　沈丁晨
责任印制　戴　宽

出　　　版　中国社会科学出版社
社　　　址　北京鼓楼西大街甲 158 号
邮　　　编　100720
网　　　址　http://www.csspw.cn
发 行 部　010 - 84083685
门 市 部　010 - 84029450
经　　　销　新华书店及其他书店

印刷装订　北京君升印刷有限公司
版　　　次　2017 年 9 月第 1 版
印　　　次　2017 年 9 月第 1 次印刷

开　　　本　710×1000　1/16
印　　　张　12.75
插　　　页　2
字　　　数　221 千字
定　　　价　58.00 元

前　　言

在全球化背景下，中国同其他国家之间的合作与交流日益频繁，国际化人才在跨文化交流中扮演越来越重要的角色。因此，传统的高校人才培养方案已经不足以满足时代的需求。中国高校不仅要关注学生各学科专业知识和能力的培养，还需要培养他们国际交流的能力。本书以吴卫平等（2013）的跨文化能力模型（本国文化知识、外国文化知识、态度、跨文化交际技能、跨文化认知技能、意识）和 Kormos & Csizér 的跨文化接触理论（跨文化接触包含直接接触和间接接触）为理论支撑，通过调查当前中国大学生跨文化接触现状及其对跨文化能力的影响来探讨中国大学生跨文化能力发展路径及其重要性。

本书主要围绕中国大学生跨文化能力发展路径进行了一系列研究，其中包括国内外跨文化能力与跨文化接触研究概述、中国大学生跨文化能力发展状况调查、影响中国大学生跨文化能力的跨文化接触情况调查、中国大学生跨文化接触与跨文化能力相关性研究、中国大学生跨文化能力的构成要素及路径分析、大学生跨文化接触的重要性及路径分析、中国大学生跨文化接触与跨文化能力的关系路径分析以及大学生跨文化能力发展路径与英语语言能力的相关关系研究八个方面。第一，本书对近三十年国内外跨文化能力与跨文化接触等方面的研究成果进行了一次较为细致的梳理，可以为国内外跨文化研究学者们提供理论参考。第二，通过实证调研认识和了解中国大学生跨文化能力现状与不足，有助于各高校摒弃传统的教学模式和思路，推陈出新，探索一种以跨文化能力为目标的全新教学模式，从而帮助大学生提高跨文化意识。第三，对影响中国大学生跨文化能力的跨文化接触情况进行了实证调查与分析，不仅有利于了解当前大学生的跨文化接触现状以及已有的跨文化接触方式对中国大学生们跨文化能力的影响，为国际化教育培养计划制订提供参考，同时，还有利于为制订跨文化能力培养方案提供借鉴。第四，通过实证数据调查与分析了大学生跨文化接触与其跨文化能力之间是否存在显著相关关系。为国内跨文化相关研究提供重要的理论基础，并为高等学校国际化人才培养计划制订提供一定参考。第五，对中国大学生跨文化能力的构成要素及路径的分析为国内学者们研究跨文化能力提供一种新的理论研究路径参照，还为国际化人才的选拔、任用和绩效评价提供一种新的视角。第六，了解中国大学生跨文化接触的重要性以及探讨跨文化接触的途径，一方面有利于更好地发展跨文化能力研究理论，另一方面可以指导外语语言教学从而有效地培养学生的跨文化能力。第七，对中国大学生跨文化接触与跨文化能力关系的路径分析有助于高校本科生课程大纲和培养计划的制订，同时也有助于师生了解跨文化接触的重要性及具体路径而达到提高其跨文化能力的最终目的。第八，对中国大学生跨文化能力发展路径与英语语言能力的相关关系研究为以培养大学生跨文化能力为目标的外语教学模式及方法研究提供一些实证数据支撑。

本书通过对大样本进行了比较深入细致的实证调查与分析，采用因子分析和 AMOS 结构方程模型构建了中国大学生跨文化接触量表及跨文化接触和跨文化能力的路径关系模型，在跨文化能力研究方面具有重要的创新性。但是本书中仍然有一些待研究问题和局限性。譬如，研究样本在跨文化能力发展与跨文化接触方面存在某些区域差异，有待于后续更深入的研究。另外，本书对样本的英语语言技能未做详细调查，并且他们的语言技能与其跨文化接触之间的相关关系也未做调查，后续研究可以进一步进行探讨和分析。

本书是作者 2012 年主持的国家社科基金项目最终成果的一部分。在项目实施的三年时间内，本书组成员在全国十多所大学调研和收集样本数据。首先，非常感谢兄弟院校老师和同仁们的全力帮助和配合，在他们的大力支持下收集到了大量真实而有效的研究数据，项目调研和数据收集进展顺利。其次，特别感谢课题组老师们积极参与课题前期讨论、文献调研与数据收集和分析，以及最终论文的撰写。最后，真诚感谢学院领导对我的鼓励和支持，他们为我做好科研提供了许多指导和帮助。同时，本书在撰写过程中，作者倾注了大量心血去阅读和参考大量国内外跨文化能力研究的相关资料，并在书后详细列出了本项目研究参考的主要文献，书中如有文字引用未列出或遗漏参考文献，恳请批评指正。同时，由于作者水平有限，书中难免有疏漏和不妥之处，恳请广大读者、同行和专家予以批评指正。

作　者
于 2016 年 9 月

目　　录

第一章　绪论 ……………………………………………（1）

　第一节　研究背景和意义 ………………………………（1）

　第二节　国内外研究综述 ………………………………（2）

　　一　跨文化能力的研究综述 …………………………（2）

　　二　跨文化接触与跨文化能力的相关研究综述 ………（5）

　　三　国内外研究差异及存在的不足 …………………（7）

　第三节　研究设计 ………………………………………（8）

　　一　研究内容 …………………………………………（8）

　　二　研究问题 …………………………………………（8）

　　三　研究对象 …………………………………………（9）

　　四　研究方法 …………………………………………（9）

　　五　创新点 ……………………………………………（10）

第二章　相关理论基础 …………………………………（11）

　第一节　跨文化能力相关理论与含义 …………………（11）

　　一　跨文化能力的相关理论 …………………………（11）

　　二　跨文化能力的含义 ………………………………（24）

　第二节　跨文化接触理论 ………………………………（32）

　　一　接触理论来源和定义 ……………………………（32）

　　二　国外跨文化接触相关研究 ………………………（34）

　　三　国内跨文化接触相关研究 ………………………（45）

　第三节　本章小结………………………………………（47）

第三章　中国大学生跨文化能力发展状况调查 ……………… (48)

　第一节　对中国大学生跨文化能力发展调查与分析的现实

　　　　　要求 ………………………………………………… (48)

　第二节　对中国大学生跨文化能力发展的调查与分析 ……… (49)

　　一　引言 …………………………………………………… (49)

　　二　跨文化能力的内涵与维度 …………………………… (49)

　　三　研究方法 ……………………………………………… (51)

　　四　结果与讨论 …………………………………………… (52)

　第三节　本章小结 …………………………………………… (59)

第四章　影响中国大学生跨文化能力的跨文化接触情况调查 …… (60)

　第一节　跨文化接触研究背景与理论框架 ………………… (60)

　第二节　对中国大学生跨文化能力的跨文化接触的

　　　　　实证调查 …………………………………………… (62)

　第三节　本章小结 …………………………………………… (71)

第五章　中国大学生跨文化接触与跨文化能力相关性研究 ……… (72)

　第一节　跨文化接触与跨文化能力相关理论研究 ………… (72)

　第二节　大学生跨文化接触与跨文化能力相关性分析 …… (73)

　第三节　本章小结 …………………………………………… (83)

第六章　中国大学生跨文化能力的构成要素及路径分析 ……… (84)

　第一节　跨文化能力的构成要素 …………………………… (84)

　第二节　中国大学生跨文化能力发展的路径分析 ………… (87)

　　一　研究设计 ……………………………………………… (87)

　　二　研究结果 ……………………………………………… (88)

　　三　讨论与分析 …………………………………………… (91)

　第三节　本章小结 …………………………………………… (97)

第七章　大学生跨文化接触的重要性及路径分析 ………… (99)

　第一节　跨文化接触的重要性分析 ………………………… (99)

　第二节　中国大学生跨文化接触路径分析 ……………… (101)

　　一　研究方法 …………………………………………… (101)

　　二　研究结果 …………………………………………… (103)

　　　三　讨论与分析 ·· （109）
　　第三节　本章小结 ·· （112）
第八章　中国大学生跨文化接触与跨文化能力的关系路径
　　　　　分析 ·· （113）
　　第一节　跨文化接触与跨文化能力的相关理论分析 ········· （113）
　　第二节　跨文化接触对跨文化能力的关系模型研究 ········· （115）
　　　一　研究方法 ·· （115）
　　　二　结构方程模型构建与分析 ······························ （118）
　　　三　结果与讨论 ·· （125）
　　第三节　本章小结 ··· （129）
第九章　大学生跨文化能力发展路径与英语语言能力的相关
　　　　　关系 ·· （130）
　　第一节　文化与语言的关系理论背景 ························· （130）
　　第二节　大学生跨文化发展路径与英语语言能力的相关性
　　　　　　实证分析 ··· （131）
　　　一　研究设计 ··· （131）
　　　二　研究结果与讨论 ··· （132）
　　第三节　本章小结 ··· （134）
第十章　总结与展望 ··· （135）
　　第一节　总结 ·· （135）
　　第二节　局限性 ··· （142）
　　第三节　研究展望 ··· （143）
参考文献 ··· （144）
附录Ⅰ　跨文化接触访谈 ··· （172）
附录Ⅱ　中国大学生跨文化接触量表 ····························· （174）
附录Ⅲ　中国大学生跨文化能力量表 ····························· （188）
附录Ⅳ　本书研究发表的论文 ······································ （192）
后记 ·· （193）

第一章

绪 论

第一节 研究背景和意义

21 世纪以来，随着中国全球化和国际化的日益发展，跨文化能力
（ICC）在全球化时代显得越来越重要。近几十年来国内外学者们已经
从各自不同的领域对其进行了研究，研究成果颇为丰富。本书在国内外
学者研究成果的基础上对跨文化能力作了如下定义，"凭借自身已有的
跨文化内在和外在的特质（如知识、态度、技能和意识），能够在跨文
化交流语境中与不同文化背景的人有效而恰当的交流和互动"（Chen &
Starosta，1996；Wiseman，2001；Byram，1997；Spitzberg，1997；Fanti-
ni，2000； Kim， 2001； Samovar & Porter， 2004； Deardorf， 2004，
2006；Behrnd，2011）。

随着经济全球化的发展，中国与其他国家之间的经贸合作和往来越
来越频繁，因此，对跨文化人才的培养也越来越重要。但是，由于文化
背景、思维方式、生活习俗和语言表达方式的不同而产生的文化距离或
心理距离不会随着空间距离的缩小而快速缩短，一系列跨文化交往与沟
通问题普遍存在。因此，为了适应国际化发展的需要，中国许多高校将
跨文化能力培养作为本科生培养计划之一，目的是培养更多符合时代发
展和人才市场需求的国际化人才。对当代中国大学生跨文化能力发展路
径的研究引起许多国内外学者的普遍关注。中国大学生跨文化能力的发
展状况如何，有哪些跨文化接触方式，中国大学生跨文化接触方式与其
跨文化能力相关关系如何，中国大学生跨文化能力发展有哪些路径及其

重要性程度如何以及中国大学生跨文化能力发展路径与英语语言能力的相关关系如何等研究内容需要深入地进行实证调查研究。由此，本书以中国大学生为研究对象，对中国大学生跨文化能力发展路径进行深入而广泛的实证调查与分析。在跨文化相关理论研究方面，具有重要的理论意义；同时，在中国高校国际化人才的培养方案和计划制订方面，具有重要的现实意义。

第二节　国内外研究综述

一　跨文化能力的研究综述

国外关于跨文化能力（ICC）的研究始于 20 世纪 70 年代初，其主要围绕以下三个方面：第一，围绕跨文化能力的内涵与构成要素进行了理论研究。国内外学者在 20 世纪 70 年代开始对跨文化能力进行了大量研究，并且在内涵和构成要素方面取得了一定的共识。例如，Chen 和 Starosta（1996）认为跨文化能力是在跨文化情境下，有效、恰当地进行交际活动以达到理想交际效果的能力。Spitzberg（2000）指出，"跨文化能力的判定是认定某一行为在给定环境下是否得体、有效"。Wiseman（2003）将跨文化能力定义为"与来自不同文化的成员进行恰当交际所需的知识、动机与技能"。不难发现，以上学者的定义中均提及了两个要素：特定环境、有效得体。另外，不同研究领域的学者对 ICC 的组成要素提出了自己的看法，并各有侧重。例如，Byram（1997）指出，知识、态度、技能以及批判意识等维度是学生在进行跨文化交际时所必需的能力。相较于 Byram 的观点，Spitzberg（1997）也赞成知识、技能是跨文化能力的重要组成要素，同时他提出了动机是构成跨文化能力的第三个维度，这三个维度相互依存不可分割。Campinha - Bacote（1998）认为跨文化能力由跨文化态度、知识、技能、文化冲突以及跨文化意愿五大要素组成，它们之间有相互依存、相互促进的作用。Yong Yun Kim（2001）指出跨文化能力由三大部分组成，如跨文化认知能力、跨文化情感能力和跨文化行为能力，各能力之间彼此联系，不可分割。Samovar 和 Porter（2004）则进一步将跨文化能力划分为知识、动机和技能。Scheitza（2009）在分析不同跨文化能力相关理论的基础上，把自信、关系和互动三种要素列入跨文化能力的组成部分中。国外大多数学者对跨文化能力的构成要素持有相似的观点，他们均认为知识、态度、意识、技能等能力维度是评价跨文化能力时极为重要的不可或缺的组成要素（Chen & Starosta, 1996；Wiseman, 2001；Kim, 2001；Byram, 1997；Spitzberg, 1997；Fantini, 2000, 2006；Kim, 2001；Samovar & Porter, 2004；Dodd, 2006；Deardorf, 2004, 2006；Martin, 2009；Scheitza, 2009；Behrnd, 2011；Liu, 2012；Barrett, 2014；Arasaratnam, 2015）。第二，探讨了跨文化能力的各种评价模型与模式。其模型研究可归结为以下三种类型：（1）成分模型，如 Byram（1997）构建的以知识、态度和技能三个维度为主要成分的 ICC 模型。Fantini（2000）提出的在意识基础上以知识、态度和技能三个维度为主要成分的 ICC 模型。（2）发展模型，如 Bennett（1993）提出了跨文化敏感度发展模型（DMIS）。Hammer & Bennett（2001）在此基础上进行改进并构建了跨文化发展模型（IDI V2）。（3）互动模型，如 Deardorf（2004）构建了 ICC 过程模型，包括内在效应和外在效应等互动层面。但更多的实证研究需要被用于检测这些模型的适配度，并且结合现有模型，提取出其中概念重合的部分。第三，从跨学科角度研究了跨文化能力的培养。例如，有的学者从新闻、管理、船舶和职业教育等方面研究跨文化能力（David Thomas, 1999；Earley, 2003；Gudykunst William B, 2005）；有的探讨医疗保健和国际关系等（David Matsumoto, 2011；Cortez, 2014；Black, 2014；Bastos, 2015）。例如，国际模式（TIP）基于管理人员或专业人员所具备或不具备的技能，对他们进行培训，从而提高他们在跨文化情景下的管理及领导能力。迄今为止，国外跨文化能力研究成果比较多，如在跨文化能力的内涵、构成、评价、发展和培养等方面进行了较为广泛的理论与实证研究。目前被国内外学者引证较多的跨文化理论就有 17 种之多，在理论研究基础上，研究广度和深度也有很大发展，并且实证和定量研究方法占据主流，如在经贸、医学和传播等领域。

　　国内从事跨文化能力研究最早始于 20 世纪 70 年代初，国内一些跨文化研究学者对跨文化能力的认识存在分歧，主要体现在能力构成维度方面。例如，吴越、梁晓鹏（2002）指出跨文化交际能力由两个维度构成，分别为交际能力和跨文化能力；宁惠萍（2003）也认为跨文化交际能力由跨文化能力和交际能力组成，但是其关注的核心在于学习者的跨文化差异敏感度、宽容度以及应对文化差异的灵活度。杨慧（2005）却坚持跨文化能力只是构成跨文化交际能力的一个要素，另外一个要素则是语言能力。然而，不同于国内学者，许多国外学者对跨文化能力的理解基本保持一致，他们认为跨文化能力和跨文化交际能力的内涵是基本相同的，属于同一个范畴，只是用不同的术语来表达，如 Fantini（2000）、Kim（2001）、Samovar & Porter（2004）在其跨文化的研究中将跨文化能力和跨文化交际能力这两个概念交叉使用，未做任何区别，默认两者意义相同。本书通过检索国内关于跨文化能力的研究文献发现，"跨文化交际能力"在国内学者的研究中使用较多，相比之下，对"跨文化能力"术语使用较少。由此，本书主要针对国内跨文化交际能力的研究文献进行评述，其主要包括以下四个方面：第一，探讨了跨文化交际能力与外语教育之间的关系。研究者从外语教学和利用现代多媒体手段等方面探讨了中国学生跨文化交际能力的培养（王振亚，1991；杭国生，1994；贾玉新，1997；许力生，2000；顾嘉祖，2002；蒋莉，2004；毕继万，2005；张红玲，2007；韩海燕，2011；陈欣，2012；张卫东、杨莉，2012；胡文仲，2013；钟华、樊葳葳，2013；高永晨，2014；李智，2014；刘丹，2015；韩艳，2015；黄文红，2015）。第二，从跨学科角度探讨了跨文化交际能力培养的重要性。研究者从不同的领域，如传播学、管理学、医学、旅游等对培养跨文化能力的重要性进行了探索（陈国明，2010；党俊卿，2010；程建君，2011；李小刚，2012；于艳平，2014；康华，2014）。第三，围绕培养学生跨文化交际能力的课程设置与教材建设等问题进行了探讨。研究者主要从培养跨文化交际能力的课程建设、教学内容、教学方法等角度进行了理论探讨并提出了一些建议（牛桂玲，2002；李娟、柳青军，2006；郭继荣、王非，2009；黄瑛、寇英，2010；阎啸，2010；汤岩，

2010；胡文仲，2010；何牧春，2010；崔丽丽，2013；任仕超、梁文霞，2014；张琳琳、赵俊峰，2014；蒋瑾，2015）。第四，探讨了影响学生跨文化交际能力培养的因素。研究者从不同层面如态度和动机、文化敏感度和价值观进行了对影响学生跨文化交际能力要素的调查（许力生，2000；蒋莉，2004；骆玉蓉，2007；胡艳，2011；苏建红，2011；李智，2014；曹叶秋，2014；周科锋，2014；吕文娇，2015）。国内有许多学者对跨文化能力进行了研究，但是多围绕跨文化能力的内涵和培养方法进行简单的定性分析，定性分析多侧重于探索外语教育背景下，针对不同的研究对象，探索了一些培养跨文化交际能力的模式和方法，但实证和定量的研究偏少。

二 跨文化接触与跨文化能力的相关研究综述

国外学者探讨了海外经历等直接接触因素对学生跨文化能力的影响作用。例如，Kormos 和 Csizer（2006）从二语习得的角度研究了国外经历如何影响跨文化能力，并认为这种直接的跨文化接触对学生跨文化能力的发展有促进作用，有利于提高他们的积极性，从而减少他们在二语学习过程中的语言使用焦虑。通过分析去日本交换三个月的加拿大学生写的日志，Bewick 和 Whalley（2000）指出，拥有海外经历的学生在文化意识方面取得更大进步。Jackson（2006）通过对在英国交换五周的中国香港学生进行案例研究，发现海外经历产生了积极影响，提高了学生们的跨文化敏感度。

此外，也有一些学者探讨了通过基于网络渠道的直接接触对学生跨文化能力的作用机理。他们通过实证研究证明与来自不同文化背景的人通过网络渠道进行跨文化接触有助于提高学生的跨文化能力。Dowd（2007）通过在将英语作为非母语的德国大学课堂中进行的定性研究，探索在线跨文化交流的结果，通过网络通信平台，如电子邮件、网络论坛和视频会议，在爱尔兰和美国的合作课堂上进行在线交流，结果表明，这种虚拟的跨文化接触（电子邮件、网络论坛和视频会议）可以促进学生跨文化能力的发展。该结论与 Liaw（1998，2001，2003）的研究是一致的，即证明从英语学习和教学的角度来看，与来自不同文化背景的人进行以邮件为导向的在线交流和互动有助于促进跨文化能力。此外，Campbell（2003）证明了基于网络的博客互动对学生的跨文化能力发展有积极影响。

一些国内学者如胡文仲（1999）曾指出与说本族语的人的直接接触和直接接触目标文化，是提高一个人跨文化能力的最佳途径。其他学者如张丹和丁美萍（2010：221）通过问卷调查发现，有着国际交流经验的学生在"跨文化意识、英语水平、学术研究趋势和文献搜索"方面比没有经验的学生表现得更好。此外，王天君（2010）通过对 20 名大学生进行一对一的深入访谈，发现中国大学生和外国人在校园内的跨文化接触互动非常少且这种接触一般停留在表面，而且本国学生的文化构建受到本国价值观以及他们所在大学环境的严重影响；黄媛媛（2012）在她的硕士论文中，采用访谈和问卷调查相结合的方法，对来自非英语专业的参加了国际交流项目的 50 名学生和来自非英语专业的没有海外经历的 52 名学生进行了比较研究，结果发现通过国际交流计划，不同文化团体之间的接触可以促进学生跨文化交际能力的提高。

但是，关于间接接触对学生跨文化交际能力影响的相关研究却相对较少。这些研究表明，间接接触促进了学生的跨文化能力发展。

有学者通过基于网络的跨文化交际，研究间接接触，发现间接接触对学生的跨文化交际能力产生积极影响。Liaw（2006）证明，在线阅读环境和电子论坛的构建，增加了学生们对自己和他人文化的了解以及对跨文化交际过程的认识，同时增强了他们了解不同文化人们生活方式的兴趣以及面对不同文化问题转换文化视角的能力，有利于学生的跨文化能力发展。Gómez 和 Fernando（2012）在哥伦比亚 Bogotá 一所大学的高级英语课堂上开展了一个语言项目，研究阅读规范的文学作品是否有利于促进跨文化交际能力的发展，结果表明，阅读规范的文学作品是培养学生跨文化能力的有效途径，因为它不仅是一种交际阅读实践，也为学生们通过与不同的文化进行互动从而建构文化知识提供了一个机会。

其他一些学者研究文化产品和社交媒体如电视节目、电影等类型的间接接触，并且发现通过文化产品类的间接接触有助于增强学生的跨文化交际能力。刘圣洁和范杏丽（2005）通过调查中国不同类型的文化电视节目并分析其对跨文化交际能力的潜在影响，指出社交媒体（电视节目）尤其是在引进外国文化和加强文化交流方面起到了重要作用。此外，他们认为观看电视节目是提高跨文化能力的有效途径，因为它是了解外国文化的一个很好的渠道。张莉（2010）指出，欣赏英文原版电影可以通过增强学生对英语语言和文化的兴趣来提高他们对外国文化的了解，从而有助于大学生的跨文化能力发展。其他学者的研究也进一步证明了观看电影对跨文化交际能力的发展有积极作用（李彦，2009；莫海文，2008）。

基于上述文献回顾，我们可以看到，国内外的研究侧重跨文化直接接触方面，如通过海外交流计划等与英语为母语者进行直接语言接触，或通过电子邮件、博客等进行跨文化接触，而间接接触相关研究较少。此外，国内关于跨文化接触对中国大学生跨文化能力影响的研究主要是通过访谈所进行的定性研究，而定量研究并不多见。

三　国内外研究差异及存在的不足

综合分析国内外学者对跨文化能力理论和实证的研究发现，目前国内学者的研究存在以下不足：（1）学者们对跨文化能力或者跨文化交际能力的内涵与构成要素认识不统一，没有很好结合中国国情而直接照搬国外学者的跨文化能力模型与测评量表，未对模型与测评量表进行信度和效度检验，研究结果缺乏可信度；（2）研究方法大多局限于定性研究，只作简单的理论阐述，系统而全面的实证和定量研究相对较少；（3）在跨文化能力发展与培养研究方面，现有研究多为定性研究，一些观点和看法缺乏实证数据支撑。由此，基于国内外已有的跨文化研究成果资料，本书主要围绕以下几个方面展开：第一，通过调查问卷和深度访谈法调查与分析中国高校大学生跨文化能力发展状况及其跨文化接触情况；第二，通过问卷数据实证分析中国大学生跨文化接触与其跨文化能力的相关关系；第三，分析中国大学生跨文化能力发展路径并进一步分析其不同路径的重要性程度；第四，分析中国大学生跨文化接触的重要性及路径；第五，构建中国大学生跨文化接触与跨文化能力的关系模型；第六，分析中国大学生跨文化能力发展路径与英语语言能力的相关关系。

第三节　研究设计

一　研究内容

（1）对国内外跨文化能力与跨文化接触研究进行文献调研与分析；

（2）对中国大学生跨文化能力发展现状进行调查与分析；

（3）对影响中国大学生跨文化能力的跨文化接触情况进行调查；

（4）对中国大学生跨文化能力与跨文化接触的相关关系研究；

（5）对中国大学生跨文化能力的构成要素及路径进行分析；

（6）对中国大学生跨文化接触的重要性及路径进行分析；

（7）对中国大学生跨文化接触与跨文化能力关系路径进行分析；

（8）对中国大学生跨文化能力发展路径与英语语言能力的相关关系进行分析。

二　研究问题

1. 现实调研

（1）中国大学生跨文化能力六个维度（本国文化知识、外国文化知识、跨文化交流技能、跨文化认知技能、意识、态度）的发展现状如何？

（2）中国大学生跨文化接触现状如何？中国大学生主要的跨文化接触方式有哪些？

（3）直接接触与中国大学生跨文化能力六个维度（本国文化知识、外国文化知识、跨文化交流技能、跨文化认知技能、意识、态度）关系如何？

（4）间接接触与中国大学生跨文化能力六个维度（本国文化知识、外国文化知识、跨文化交流技能、跨文化认知技能、意识、态度）关系如何？

（5）中国大学生跨文化能力有哪些构成要素及路径？

（6）中国大学生跨文化接触的重要性如何？

2. 维度与量表

（1）中国大学生跨文化接触量表的信度和效度如何？

（2）中国大学生跨文化接触中各维度中因子的重要程度如何？

3. 关系模型

（1）中国大学生跨文化接触与跨文化能力关系路径重要性如何？

（2）中国大学生跨文化接触如何影响跨文化能力发展？其关系模型拟合度如何？

（3）中国大学生跨文化能力发展路径与英语语言能力的相关关系如何？

三　研究对象

本书的主要研究对象为来自全国综合性大学的大学生。具体的研究对象将在本书中对各研究问题进行详细说明。各研究样本的选取均依照随机抽取样本原则进行，符合各项研究实际需要，而且，样本均来自不同专业、年级和院系，具有普遍代表性。另外，所有样本参与研究均出于自愿，本书绝对保护参与者个人信息等隐私。

四　研究方法

本书旨在调查与分析当前中国大学生跨文化能力发展路径并对其在跨文化能力发展中的重要性程度进行深入而广泛的实证调查与分析。本书主要采用问卷调查与深度访谈方法。本书研究的主要理论有跨文化交际理论、认知建构主义理论、跨文化心理学、跨文化交际能力理论。依托的主要研究机构有跨文化研究所、语言学习示范中心和外语教育研究所。主要采用的数据分析方法有因子分析、多元回归分析、皮尔逊相关、结构方程模型等。基本书思路与方法具体如下：

（1）通过对学校图书馆和校外图书馆馆中英文书籍及网上电子数据库资源进行文献收集与调研，对国内外跨文化能力与跨文化接触研究进行文献调研与分析；

（2）在全国范围内选择不同类型（理工、综合、财经、政法、语言类等）大学中一年级至四年级大学生作为研究对象，对其跨文化能力发展状况及其文化接触方式进行调查与分析。通过文献调研和深度访谈法调查中国大学生跨文化能力发展过程中有哪些跨文化接触方式，其中涉及跨文化接触量表的设计与修正，并对该量表进行信度和效度检验；

（3）通过因子分析和结构方程模型分析，对中国大学生跨文化能力的构成要素及路径进行分析，对中国大学生跨文化接触的重要性及路径进行分析；

（4）基于跨文化能力和跨文化接触理论框架模型分析及理论探讨，采用 AMOS 软件构建中国大学生跨文化接触与跨文化能力关系模型，并对中国大学生跨文化接触与跨文化能力关系路径进行分析。深入探讨和分析了以下六个路径：路径之一，以跨文化意识发展为主的文化接触；路径之二，以跨文化情感态度发展为主的文化接触；路径之三，以本国文化知识发展为主的文化接触；路径之四，以外国文化知识发展为主的文化接触；路径之五，以跨文化交流技能发展为主的文化接触；路径之六，以跨文化认知技能发展为主的文化接触。并进一步调查以上六种路径分别在促进大学生跨文化能力发展中各自的重要性程度。

五　创新点

（1）中国大学生跨文化接触量表的构建是对国外跨文化接触测评量表本土化的一次有意义的实践；

（2）构建中国大学生跨文化接触与跨文化能力关系模型在跨文化能力理论研究层面具有拓展与创新意义。

第二章

相关理论基础

第一节 跨文化能力相关理论与含义

一 跨文化能力的相关理论

随着全球化发展、信息技术进步以及交通工具日益便捷，各个国家之间的空间距离在不断缩短，交流也越来越频繁。然而，由于文化、态度和价值观念等的巨大差异，"地球村"上的人们在交际时容易发生误解、冲突和矛盾，形成沟通交流上的障碍。因此，作为跨文化交际的前提和基础，来自不同文化背景的人们的跨文化能力有待于培养和提高。为了深入了解跨文化能力相关研究，本书通过查询和搜索图书馆数据库资源和网上资源（如谷歌学术）等途径，在获得近五十年尤其是近十年的跨文化能力相关研究论文基础上，将对一些概念分别进行讨论，如文化、交际、跨文化交际、跨文化交际能力等，这些概念与跨文化能力有着密切关系，有助于更好地理解跨文化能力。

1. 文化

跨文化能力是建立在不同的两种或多种文化之间，正是文化之间的差异决定了对跨文化能力研究的必要性，由此在讨论跨文化能力之前，有必要先了解文化的定义、内涵、作用和特点，有利于更深入地了解跨文化能力。

文化是一个广泛而复杂的概念，有着丰富的含义。不同的学者对于文化的界定各不相同。Tylor（1967）很早就提出了文化的定义，他认为文化是社会传统的复杂综合，是个体成为社会成员的前提条件。文化是一套属于一个群体的基本的想法、实践和经历，在学习过程中被传递给下一代；它也可以是用来指导人们行为以及解决问题的信仰、准则和态度。Hall（1977）认为人类生活没有一个方面是与文化不相关或者不受文化影响的，文化存在于人类生活的方方面面。Camilleri（1986）从广义和狭义方面对文化进行了定义。广义的文化包括人类所有的特征，狭义文化是指某一人类群体的生活类型，强调不同群体之间的差异。Hofstede（1991）形容文化是群体思想的编程，可以将一个群体与其他群体区别开来。换句话说，文化是大脑程序或者大脑的软件，决定人们的行为。他指出，文化对于人类集体就好比性格对于个体，某一种文化被同一群体共享，同时又区别于其他群体的文化。Nolan（1999）也同意这一观点，文化是一个群体世界观，是组织一个由某一特定社会创造的世界的方式。Starosta（2007）认为文化是一套获得一致认可的共享的符号系统，指导人们的行为并让他们成为一个群体。从外语学习领域来讲，文化包括历史、地理、传统、文学艺术、行为准则以及价值观。

尽管学者们对文化有着各种各样的定义，他们对文化的主要特征基本上持一致意见。例如，Samovar & Porter（2007）认为文化应该包括如下几方面的特征：首先，文化不是先天的，它是通过学习而获得的；其次，文化可以从一代传给下一代；最后，文化是以符号为基础的；同时，文化是动态的、变化的，而且，文化是具有民族优越感的。而Chen & Starosta（2007）也提出文化的四大特点：1）综合性，作为一个综合性的系统，文化可以被划分为一些子系统，如亲属体系、教育体系、宗教体系、政治体系等。但是，文化的各个方面有时也是相互联系的。2）可学性，一个团体融入、加强、共创文化符号系统的唯一方式就是通过学习，而在学习自己文化的过程中，人们不可避免地就会产生民族优越感。3）动态性，文化随着时间会不断发生变化；Samovar 和 Porter（1995）表明，美国黑人民权运动给美国文化的各个方面带来了变化，并改变了美国人的态度、价值观和行为。4）普遍性，文化存在于生活的方方面面，影响人们思维、交流和行为的方式。

根据"冰山理论"，位于水上面的冰山只是文化中的一小部分，如语言、服装、饮食、建筑、艺术等，这些都是文化的表层含义，是我们看得见或者听得见的。然而，位于水面以下的看不见的大部分才是文化的深层含义，包括意识、态度、宗教信仰、价值观等（丛明才，2014）。

2. 交际

交际一词广泛地出现在"跨文化能力"的研究中。因此，在探讨跨文化能力之前，需要对交际这一概念有一个清晰的理解。早期关于交际的研究对交际持有一个明确的看法，认为交际是一个线性机械的发展过程，即信息接收者被动地受到信息提供者的影响。但是，越来越多的学者认为交际是一个运用个体的目的和动机对其行为进行解释的过程。换句话说，交际者是主动的，在交际过程中有选择自身行为的能力，而不是被迫地让外部因素决定自己的行为。

Chen 和 Starosta（2007）对交际这一概念给出了定义，即交际是一个不确定的过程，交际双方在这个过程中通过交换符号形成一种相互依赖的关系。通过参与这个交换符号的过程，交际双方建立一个交际的现实世界。透过这个定义，可以看出交际的特点如下：1）交际是一个整体现象，即交际是一个关系网，交际双方是一个整体，只有彼此联系并且同属于这个系统，他们才可以被理解；2）交际是社会现实，即交际是社会化的，基于人们通过用符号赋予语言和非语言行为的普遍意义。在不同的语境中，同样的信息会有不同的解释；3）交际是不断发展的，交际中的内容和社会现实会随着时间不断改变；4）交际是有序的，交际不是混乱的、不可预测的，因为交际过程中交际者的行为和使用符号的共享意义必须遵循一定的互动规则。由于交际双方是互相依赖的，交际的成功与否取决于交际双方保持一种动态平衡的能力（Chen & Starosta，2007）。

3. 能力

跨文化能力有助于克服文化差异，成功地完成跨文化交际活动。不同学者对能力的定义和内涵所持的观点各不相同，这些观点对于更深刻地理解跨文化能力概念及其内涵是非常有必要的。认识和学习学者们对能力的不同阐述，可以帮助人们更全面更广泛地认清跨文化能力的来源以及它的研究背景。

对能力这个词的定义是比较复杂的。早期的研究将能力定义为"机体与其环境进行有效互动的资格条件"（White，1959）。White 认为能力是人类的基本需求，能力的测量体现在个体与环境有效作用的程度。当个人对相关因素的意识提高时，其能力也就会提升（Argyris，1965a，1965b）。类似地，Foote（1955）和 Holland（1968）也将能力定义为有效交流的才能。Weinstein（1969）则认为能力是为了实现个人目标对交流活动这个过程进行操纵控制的一种能耐。Bochner 和 Kelly（1974）通过在能力的定义中将交流互动的双方都包含进去，从而拓宽了能力的定义，能力是个体将自己和他人联系起来的一种才能。也就是说，一个人有能力，这一点不仅仅要自己知道，而且要被交流对象观察和证实。

在此基础上，有些学者对能力的定义提出了相互对立的无法确定的一些看法，即能力到底是一种不可见的知识积累还是可见的行为表现，是与生俱来的还是后天习得的一种才能，这些是无法确定的，尚未达成共识（Chen & Starosta，1996）。有的学者认为，由于不同的人在完成活动过程中表现出不一样的水平，这体现了他们不同的能力，因而能力最终是一种表现。因而，一方面能力表现为个体顺利完成某一任务必要的主观前提；另一方面，能力也表现为完成这一任务的个体的心理状态。

很多学者对能力有过研究和界定，通过搜索和分析这些与能力相关的研究文献，结果表明，大多数学者普遍接受和使用的关于能力的定义为，适应周围环境和社会条件的能耐（Foote & Cottrell，1955；Baldwin，1958；Moment & Zaleznik，1963；Flavell et al.，1968；Sundberg et al.，1978；Spitzberg & Cupach，1984）。与上文学者的某些观点相似，有学者将能力定义为个体为了实现个人目标，与周围环境进行有效互动并适应的才能。同时，他们认为，作为能力中最核心的成分，适应能力必须具备一个前提条件，即个体意识到周围环境，不论是物理环境还是社会环境，都要有一定的认识（Spitzberg & Cupach，1984）。因此，这就将能力与意识联系起来。从意识的角度而言，Maslow（1970）认为按照能力的发展可以将能力分成四类：无意识的无能、无意识的能力、有意识的无能以及有意识的能力。关于能力与意识的关系，由于一个人的能力不可能是理想状态下样样精通，也不可能是极端状态下百无一能，所以个体的能力通常一部分是有意识的，另外一些部分是无意识的。

其他的学者则从另一方面理解能力这一术语，他们认为能力是可以被评估和测量的。Pottinger（1979）认为应该将能力视为一个整体对其进行测量。其他的一些学者也同意这一观点，认为应以一种综合、系统、全面的方式对能力进行评估（Senge，1990；Kofman & Senge，1993）。然而，有的学者却主张能力被作为知识、技能等被单独测量。George Klemp（1979）在"能力的定义、测量及整合"这一论文中，将能力定义成一种动机，这种动机与知识、技能、个性以及个人规划相关，并认为能力是多种成分的综合。他指出，当人们在现实生活中的某种情境中同时使用多种能力的时候，这些能力应该被分离开来单独测量和评估。Havelock（1995）等认为能力是个体在具体情境下为了解决具体问题所必需的才能，能力的发展体现在个体所参与的一系列情境中。与 Bochner 和 Kelly（1974）对能力的定义相似，也有交际学家把能力定义成个体之间相互关系的才能。他们认为能力是建立在个体与情境之间的相互关系的基础上，并且最终由个体对其他人做出的社会判断所决定。所以，能力是交际对象互相做出的社会判断，而交际对象之间的关系与相互作用等因素在一定程度上会影响这种社会判断（Lustig & Koester，2003）。

Bowden 和 Marton（1998）一方面认为能力是个体在某一活动中表现出来的一系列行为；另一方面，能力也可以被定义为强大的认知能力。除此之外，他提出了四种定义能力的方法，包括附加法（个性和知识，通常将两者分隔开来分别进行评估）、行为法（个性）、综合法（包含一个人在个性和知识统一体下的自我认知和看法）和统一法（个性和知识的统一）。

能力这一词也被引入现代语言学中。Chomsky（1965）在他的《句法理论面面观》中给出了能力的概念，将能力定义为交际双方的语言知识。Chomsky 对"能力"的这一定义掀起了致力于语言学和应用语言学研究的众多学者们的坚决反对，比如 Hymes。Hymes 指出 Chomsky 关于能力的定义中过于强调侧重语言知识，而没有将语言使用考虑进去，同时也忽略了一个原则，那就是个体在社会交际时保持语言使用的得体性和适当性。他认为，Chomsky 对"语言能力"的定义是不全面的，不适用于本族语者的语言使用。在此基础上，Hymes 提出"交际能力"理论。

4. 交际能力

在 Chomsky 提出的关于能力定义的基础上，来自美国的社会语言学家 Dell Hymes 认为个体的潜在能力除了 Chomsky 给出的语言知识以外，应该还包括语言使用能力。Hymes（1972）提出"交际能力"理论，并在《论交际能力》一文中给出交际能力这一术语，认为构成交际能力的重要要素如下：（1）语法性，语言的表达是否遵循语法规则；（2）现实性，语言运用是否（以及在多大程度上）与现实特定情境相符合。（3）得体性，语言运用是否（以及在多大程度上）符合礼仪习惯；（4）适当性，语言运用是否（以及在多大程度上）符合恰当可行性。其中，Hymes 交际能力观的核心是语言的适当性。然而，Hymes 提出的"交际能力"是一个理想抽象的概念，虽然列举了交际能力要具备的四大要素，但是这四大要素只是理想状态下的要求，未能证明在具体情境下运用能力进行实际交流。毕竟在语言实践中，没有人能够满足具备这种理想状态下的"交际能力"，因为没有人能完完全全符合语言运用中的"适当性"这一要素。Hymes（1972）还指出，语言的使用必须与特定的社会文化情境相符合。换句话说，在不同文化情境中要保证成功的交际，需要突出交际能力。因此，Hymes 也将交际能力看成是文化能力的一部分。

针对 Hymes 提出的"交际能力"理论，一些学者发表了自己的见解。许力生（2000）认为，Hymes 提出的"交际能力"并不适用于普通的语言学习者遇到的问题，更不适用于外语学习者或第二语言学习者，因为它关注的是儿童的语言问题。在此论述的基础上，许力生也提出了自己对交际能力的理解。在大学生语言学习的过程中，不仅培养他们特定的语言能力，而且绝不能忽略其在特定文化情境下的交际能力（许力生，2000）。与 Hymes 的理论相似，他也认为交际的适当性是交际能力的核心。在不同文化情境中交际要满足适当性的要求是不一样的。在某一文化情境中适当的语言使用在另一语言情境中可能是不合适的。因此，是否符合适当性与该语言本身没有关系，而是由使用该语言的特定文化群体决定。

在外语教学或第二语言教学中，交际能力也愈来愈受关注，常常被外语教师作为教学的方法及目标。在外语教学中，交际能力指的是语言使用能力，如表达适当得体、说话技巧等方面的能力。交际能力必须是建立在牢固的语法知识的基础上。交际能力这一概念是具体的、动态的、相对的、可比较的，因此可以比较个体之间不同水平的交际能力。

在 Chomsky 和 Hymes 的关于能力的论述基础上，Canale 和 Swain（1980）弥补 Hymes 理想交际能力的局限，提出了可操作的交际能力模式。这一交际能力模式含有四个部分：（1）语法能力，即 Chomsky 提到的深层语言能力；（2）语篇能力，即处理句子、段落之间的关联性、逻辑性和语篇规则的能力；（3）策略能力，即采用相应补偿策略来弥补语言能力的不足，从而顺利成功完成交际活动；（4）社会语言能力，即 Hymes 提到的语言使用适当性的能力。这四个部分相互作用，彼此关联，共同构成 Canale 和 Swain 的交际能力模式。这四种能力与文化有着不同程度的联系。

（1）语法能力。主要指一些语言知识（词汇、句法、词法、语音等）和基本语言能力（对语法知识的掌握程度和使用程度）。语法能力是独立于具体语境而存在的能力，不受特定文化的制约。与 Canale 和 Swain 的交际能力模式观点不一致，Chen（1990）认为语法能力和交际能力是互补的关系，并非隶属的关系，两者在交际中是不可或缺的。Paulston（1992）赞成 Canale 和 Swain 的观点，认为语法能力与特定文化和具体语境没有必然联系。同时，他对语法能力和文化能力进行了对比，语法能力和文化能力之间没有必然联系，这一观点已由外语教学和第二语言学习的实践研究所证明。而且，在语言学习过程中，相对于学习者双语文化能力的培养，培养他们双语语法能力要容易得多。

（2）语篇能力。即结合语言的形式和意义，以书面或口头的方式进行表达，从而形成完整统一的篇章。语篇能力体现在语言形式衔接自然、语言意义逻辑连贯方面。作为交际能力的一部分，语篇能力在一定程度上可以间接表现说话者所代表的文化群体的价值观和思维模式。不同的文化有着不同的思维模式和价值观，这会导致不同文化群体在语言建构方式上的差异。因此，即使语言相同，如果文化不同，在语篇的构建上可能采用两种完全相反的方式。

（3）策略能力。在交往互动过程中，说话者可能由于交际知识不够或能力不足形成交际冲突或障碍，说话者为了弥补解决这种交际冲突需要采取一些言语的或非言语的交际策略和技巧。虽然采取的措施和运用的交际技巧在某种程度上会受个体所属文化的影响，但是策略能力与文化没有很大的必然联系，不同文化的人遇到交际障碍时可能使用同一交际策略。因此，Panbakht（1985）认为在学习母语的过程中获得的策略能力是可以迁移到外语学习或第二语言学习中的。

（4）社会语言能力。即个体处于各种社会语言环境中，不仅可以准确地理解解释交际对象的话语，而且可以得体合适地阐述和表达自己的思想和情感。其中，社会环境由交际目的和话题、个体社会身份地位等因素组成。社会语言能力，一方面要求个体在语言形式和语言意义表达上没有差错，完整正确；另一方面强调表达的适当性。与语篇能力相比，社会语言能力与文化的关系更为直接与明显。在跨文化交际中，社会语言能力比语法能力扮演着更重要的角色，因为比起由于社会语言能力不足造成的语用失误，交际对象更能接受语法错误。社会语言能力与文化能力的关系密切，社会语言能力可以说成是个体借用语言这一工具，使交际活动顺利成功完成的文化能力，因而培养个体社会语言能力和社会文化能力在某种程度上是可以等同的。但是这两个概念在跨文化交际中确实差异甚大，不可等同。即使交际双方具有相似水平的语法能力，由于他们来自不同的文化，他们的社会语言能力的水平是有差异的，这造成了双方在交流和沟通过程中的障碍和困难。

这四种能力彼此独立又相互依存，要实现成功的跨文化交际，这四种能力各有侧重，缺一不可。语言能力强调对语言基本知识的掌握，语篇能力侧重篇章衔接所需的知识，策略能力强调在交际障碍或中断时使用的技巧，社会语言能力侧重与语言使用的社会规范（Canale & Swain，1980）。相对于 Hymes 的交际能力理论模式，Canale 和 Swain 的交际能力模式更加具体，增加了语篇能力和策略能力两个要素，是对 Hymes 的交际能力理论的补充。此模式为外语教学和测试学提供了科学的理论基础，对应用语言学产生了深远影响。但是，这种模式提出的四种能力是如何相互联系和相互作用，却未得到具体详细的解释。例如，Bachman（1990）指出了 Lado（1961）和 Carroll（1968）能力模式的局限与不足，在 Hymes（1972）、Halliday（1976）、Canale 和 Swain（1980）的关于能力模式研究的基础上，他综合了 Halliday 的功能句子观、Austin 提出的言语行为理论等观点，对语言能力提出了不一样的见解：首先，语法知识是语言能力的基础，保证表达的语言形式准确无误；其次，语言能力包括运用语言实现谈话意图的知识。除此之外，对语言的使用不是一个静态过程，而是动态性的。构成语言能力的各个要素之间是相互作用的。由此，Bachman（1990）建立了新的交际能力理论，交际能力可以包括两大能力：组织能力和语用能力。组织能力由语法能力和语篇能力构成，而语用能力的组成成分包括言外行为能力和社会语言能力，图 1 表示如下。与之前学者相比，Bachman（1990）的交际能力模式的独特性在于他对策略能力的理解。与 Canale 和 Swain 的交际能力模式不同，该模式没有将策略能力列入交际能力框架之中，而是将其独立于外；它更多地强调语言能力、语用能力，侧重深入理解交际双方的说话意图，而策略能力的作用是执行最后的决定（Brown，1994）。李光敏和曾用强（2011）认为，Bachman 交际能力模式的核心要素为认知能力，并第一次提出元认知策略是交际语言能力的一部分，策略能力是除了语言知识以外的，也可以用来解释和评估语言能力或交际能力的另一要素。因此，此模式强调了语用知识和认知策略的重要性，这两个因素对交际能力均产生深刻影响。在 Canale 和 Swain（1980）的交际能力模式中，策略能力是为了弥补交际过程中的障碍和困难而存在的，但是 Bachman 认为策略能力在任何交际情况下，并不仅限于交际困境，都发挥相当重要的作用。他的这一观点修正了之前 Canale 和 Swain（1980）的交际能力模式的缺陷，有利于交际能力的相关研究的发展。

通过对 Bachman 的交际能力模式的分析可以看出，相对于语法能力和策略能力，言外行为能力和社会语言能力更加容易受文化的限制。在

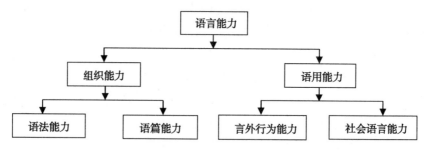

图 1　Bachman 交际能力模式

交际过程中，语法能力是交际形成的基础和最低条件，因为来自不同文化背景的交际双方对同一文化情境有着不同的解读，在很多方面存在文化语境的差异，因此交际无法达到一定的广度和深度，这在一定程度上会制约语法能力。所以，在交际过程中可能会频繁产生沟通误解和冲突，给交际造成障碍，此时策略能力的重要性就日益突出。另外，语篇能力与社会语言能力的高低决定对不同文化开放与兼容的程度，帮助个体尽可能地适应不同文化。但是，因为交际双方拥有不同的文化背景和文化身份，这就决定了他们在语篇层面和社会语言层面的文化冲突是不可避免的。交际双方只有秉着宽容理解的态度，采用一些交际策略或技巧才能缓和由于文化差异带来的交际冲突。而个体巧妙地运用交际能力是建立在其熟练的语言能力的基础上。

5. 跨文化交际

跨文化能力是表现在跨文化交际中的具体才能，跨文化能力离不开跨文化交际。在跨文化交际的大背景下，为了满足成功交际的需求，使交际顺利进行，交际双方需要具备一定的跨文化能力。因此，如果要更全面地理解跨文化能力，就有必要事先了解它的产生背景：跨文化交际。研究跨文化交际的必要性来自以下四个因素：交通和信息技术的发展、经济全球化、广泛的人口迁移以及多元文化的发展。这四个因素共同作用，使得世界上各个国家之间的物理距离越来越近，经济上的往来和交流越来越多，跨文化交际不可避免。跨文化交际领域的开端可以追溯到 20 世纪 20 年代。作为跨文化交际学之父，Hall（1959）在《无声的语言》中第一次提出"跨文化交际"这一概念，对后来学者关于跨文化交际的研究产生深远影响。20 世纪 60 年代，一些学者开始对跨文化交际产生兴趣。Kluckhohn 和 Strodtbeck（1961）对文化价值观进行了探讨。除此之外，Oliver（1962）侧重于亚洲哲学和交际行为的研究。20 世纪 70 年代，跨文化交际迅猛发展，大量关于跨文化交际的文章和著作在这个时期发表。20 世纪 80 年代，跨文化交际的研究不再局限于比较不同文化之间的异同，而是越来越关注跨文化交际的动态的发展过程，以及如何减少跨文化交际冲突。20 世纪 90 年代，跨文化交际的研究理论和研究方法趋向多元化，越来越成熟。

6. 跨文化交际能力

跨文化能力和跨文化交际能力，是许多学者在做跨文化研究时常用的两个概念。一些学者甚至认为，跨文化能力是跨文化交际能力的一个分支研究领域。因此，在讨论跨文化能力之前，需要对跨文化交际能力进行探究。

最初，Lustig 和 Koester（1993）通过定义预测能力的变量，对跨文化交际能力进行了讨论，并总结了四种研究跨文化交际能力的方法，分别是：1）行为法，观察交际对象在特定交际情境中的行为与表现；2）感知法，即态度与动机；3）特质法，也就是交际对象的性格特征；4）特定文化法，交际对象在某一特定文化中产生的行为和感知。

之后的学者对于跨文化交际能力的构成要素有着不同的见解，对跨文化交际能力的定义也各不相同，建立了各自的跨文化交际能力模式。以下部分将从跨文化交际能力模式的角度对跨文化交际能力进行讨论，通过分析几位学者不同的跨文化交际能力模式，深化对跨文化交际能力的认知。

第一种关于跨文化交际能力的模式是 Chen 和 Starosta（1996）的跨文化交际能力三元论。关于跨文化交际能力的定义，他们认为是交际双方在某一文化情境中突破跨越文化差异，成功顺利完成交际活动的能力。Chen 和 Starosta 以心理学理论为基础，从认知、情感和行为三个方面，提出跨文化交际能力由跨文化意识、跨文化技能和跨文化敏感度三个部分组成，如图 2 所示。具体来说，跨文化意识是认知能力，即了解意识到不同文化知识背景；跨文化敏感度是情感能力，即学习和接受不同文化差异的态度和动机等；而跨文化技能是行为得体能力，即在跨文化交际过程中有效合适地完成交际活动并实现交际目的（Chen & Starosta，1996）。

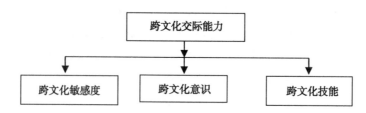

图 2　Chen 和 Starosta 跨文化交际能力三元论

第二种关于跨文化交际能力的模式是 Byram 跨文化交际能力欧盟模式，基于 Ruben（1989）和 Gudykunst（1994）的跨文化交际理论，Byram（1997）提出了他的跨文化交际能力五要素模式。他明确指出，跨文化能力（IC）和跨文化交际能力（ICC）是两个不同的概念。跨文化交际能力的组成成分比跨文化能力更复杂。跨文化交际能力除了囊括构成跨文化能力的知识、态度与技能三要素之外，其组成成分还涵盖篇章能力、语言能力与社会语言能力。在其跨文化交际能力模型中，Byram 侧重于语言能力，并在其概念中强调了文化理解和文化认同的重要性。在全面定义跨文化交际能力时，需要将社会情境及非语言交际这些因素也考虑进去。跨文化交际能力五要素模式包括知识、技能、态度等要素（如图 3 所示），这五种要素具体为：（1）知识，包括本国知识和他国知识，即交际个体自己国家文化和其交际对象所属文化团体的传统习俗等知识，个人和社会知识等；（2）解释和联系的技能，指的是从另一文化思考和解释其中的事物或事件，并学会将这些事件与自身文化相互联系并比较；（3）批判性文化意识/政治教育，指秉着公平公正的原则，不抱有民族优越感，客观地看待自身文化和其他文化的产物，并对其进行评估，合理地提出批判性观点；（4）发现和互动的技能，即学习和获得另一文化习俗和知识，并能够熟练运用已有知识和交际技能与新文化进行沟通和互动；（5）态度，理性公正地看待其他文化，保持一颗好奇心，主动接触和包容其他文化（Byram，1997）。

第三种要讨论的是 Wiseman（2001）的跨文化交际能力模式。根据

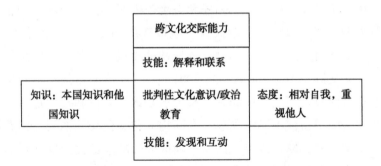

图 3　Byram 跨文化交际能力模型

Wiseman 的定义，跨文化交际能力指的是与来自不同文化背景的人顺利完成某一交际活动所必需的知识、动机和技能。从此定义可以看出，Wiseman 认为跨文化交际能力应包括知识、动机与技能三种成分（如图 4 所示）。同其他学者对跨文化交际能力的定义对比，Wiseman 定义的独特性在于把动机作为跨文化交际能力的一部分。

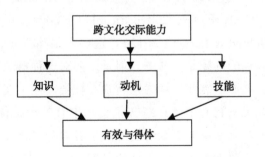

图 4　Wiseman（2001）跨文化交际能力模式

　　作为跨文化交际能力中最根本的构成要素，知识、动机与技能的具体含义如下：（1）知识是指为了规范跨文化交际行为，保证交际活动在具体文化情境中的适当性需要了解的必要信息，如交际对象、语境、交际规则等。这些信息影响跨文化交际能否成功顺利进行，因为当交际个体对上述某一信息的知识不足时，他在交际过程中可能会使用错误的交际技巧和策略，违背其他文化的得体性和恰当性原则，给交际对象造成尴尬等；（2）动机是指期待跨文化交际或者自身参与到跨文化交际当中的一系列意愿、情感和动力。动机会受多层因素的影响，如社会距离感、民族优越感、好奇心、焦虑和偏见等因素都会对交际中的语言表达和行为表现产生影响。一般而言，积极性的动机，如好奇、爱好等，对跨文化交际有促进作用；相反，消极性的动机，如焦虑、厌恶等，会阻碍跨文化交际（Morreale et al.，2001）；（3）技能则是在不同文化情境中进行有效和恰当交际的表现与行为。知识、动机和技能这三种成分在跨文化交际中扮演不同的角色，共同构成跨文化交际能力。三者相互作用，互相补充，缺一不可，任何一种成分的缺失都会降低交际个体的跨文化交际能力，从而导致交际过程中的冲突和障碍（Wiseman，2001）。

二　跨文化能力的含义

对于跨文化能力，国内外不同领域的学者对这一概念有着不同的术语表达，例如：跨文化交际能力，跨文化能力，跨文化敏感性、文化能力，全球化能力，以及跨文化调节（Chen & Starosta，1996；Byram，1997；Fantini，2000；Porter，2004；Deardorff，2004；杨洋，2009；许力生，2011；Behrnd & Porzelt，2012）。这些术语概念虽然表达形式不一样，但是所表达的内涵是一样的。但是，要对这种概念下一个明确的定义是困难的，比如，有些人认为它就是在社会交往中能被理解和接受的言行；一些人定义它为个体在跨文化交际中有效而得体的行为表现。由于跨文化能力具有一定的复杂性，不同学者对跨文化能力定义也各不相同，对于其构成要素也提出不一样的见解。

Hanvey（1976）在《可行的全球视角》一书中第一次提出了"跨文化能力"的概念，包括五个维度，具体为：

（1）视角意识：除了认识本国文化，还要了解和欣赏其他文化；

（2）全球意识：深层次了解和思考世界性事件和问题；

（3）跨文化意识：广泛而全面地认识世界各国文化的特征，比较其异同；

（4）系统性意识：意识到世界是一个整体，一个完整的系统，各个国家或文化团体之间在各个方面是相互依存、相互联系的；

（5）参与选择：对于针对危机事件各个国家采取的措施或者国际

性策略勇于思考、重新探讨评估。

然而，Hanvey 最开始在跨文化能力概念中关于参与选择这一维度并没有出现在他后来对跨文化能力的定义中。和 Hanvey 一样，Tewksbury（1976）也同意全球化意识与跨文化能力相互联系、不可分割。针对 Hanvey 提出的"全球教育"这一概念，另外一位学者 Tye（1990）提出了自己的观点，认为全球教育应该包含视角引入，也就是透过他人的角度和思维来看待其他国家或其他文化的事物。

相对于"全球教育"，一些学者更倾向于使用"跨文化教育"。在分析总结其他关于跨文化能力文献研究的基础上，Barry（1998）等指出跨文化教育包括三个目标：一是多文化意识；二是文化与民主；三是国际视野。同时，他们在跨文化教育及跨文化能力的定义中概括了其四大特征，分别为知识、视野、交际性格和团体组织能力。

与跨文化能力相对应，Paige 使用的是"跨文化有效性"一词。通过对跨文化能力研究领域的一些关于有效性的研究著作进行详细的研究分析，Paige（1993）总结出六种因素对跨文化能力造成影响：（1）关于其他文化的知识；（2）自我意识（包括个人信仰和价值观）；（3）行为技能（如交际能力）；（4）技术能力（如完成任务的才能）；（5）个人品质（如灵活性、开放性、幽默感、模糊容忍度）；（6）情境因素（包括对交际活动的期望、心理压力等）。其中，最为特殊的是技术能力这一因素（Paige，1993）。

Bennett（1993）提出的与跨文化能力相同的概念是"跨文化敏感性"，认为个体跨文化能力是不断发展的动态过程，直至获得国家化视角和意识。这一点符合 Hoopes（1979）的观点，认为个体由民族优越感逐步发展到跨文化能力阶段。因此，根据个体对文化差异产生的不同感受状态，跨文化敏感性是由民族优越感阶段（轻视、否认、防备）逐步过渡到民族相对主义阶段（欣赏、接受、融合）的。当个体处于民族优越感阶段时，认为本族文化的世界观最优秀、最具影响力；而当其处于民族相对主义阶段时，能够正确认识到文化之间相互关联的过程即是被感知的过程，同时理性看待某一特殊行为可能符合某一文化要求，但不被其他文化所包容和接受的这一事实。民族相对主义的核心是

"移情"，即感受其他文化中的事物和事件。Bennett还强调移情是站在其他文化的角度思考问题，尊重文化差异（Bennett，1993）。

Pedersen（1994）也基于发展阶段，通过讨论解释多元文化来阐释跨文化能力。"多元文化发展"建立在三个发展阶段的基础上：（1）意识阶段，思考自身文化和其他文化的差异和共性，从而正确地认识自己当前所处的文化环境；（2）知识阶段，建立在意识阶段的基础上，基于已获得的文化设想扩展信息；（3）技能阶段，作为多元文化发展的最后阶段，建立在已证实的设想和准确的知识的基础上。意识、知识和技能三个发展阶段分别有着不同的具体能力和目标，三者同等重要、均衡发展，不可以过分重视或忽略任何一种技能（Pedersen，1994：27）。

其他学者也对与跨文化能力等同的"全球能力"进行了详细的论述。Lambert（1994）分别阐述了展现全球能力的途径及其所需条件。同时，在定义全球能力时，他指出存在的两个细节问题：一是哪些要素构成了世界知识？另外一个问题是可被接受的最低水平的外语能力是怎样的？通过重新探讨一些学者关于跨文化能力定义研究著作（Hanvey，1976；Barrows et al.，1981；Dinges，1983；Hett，1992），English（1996）在Lambert（1994）的全球能力定义的基础上又重新进行了提炼和筛选，提出了更为具体的关于全球能力的定义。全球能力由五种要素构成：世界知识；外语水平；对其他文化观的态度；对外国文化以及外国人的态度；在国际环境中展现的专业技能（Lambert，1994）。其中，世界知识、态度、技能这些要素广泛地用于跨文化能力的定义，同其他关于跨文化能力的定义保持一致，密切相关。另外，美国国际跨文化教育委员会（ACIIE）（1996）对"全球能力"这一概念，给出结构性较强的定义。该委员会通过对高等教育管理机构选定的50多条能力列表中进行筛选，指出"国际化能力学习者"需致力于实现以下九种具体目标：（1）认识到世界不论从地理位置还是在经济领域上，都是互相依赖的；（2）经历全球教育并促进社会发展变化；（3）坚定全球教育终身学习的信念；（4）意识到文化多样性、共性以及互相依赖的特点；（5）接受并欣赏影响美国人生活的其他文化；（6）包容不同民族共享的重要价值观念；（7）了解不同文化的非普遍的宗教和价值观；

（8）适应多元文化的团队并与其高效工作；（9）认识和承担自己作为一名国际公民应尽的职责。这个定义结构鲜明，并添加了一些新颖独特的其他各种要素，如适应多元文化的团队、承担应尽义务、树立终身学习的信念等。除此之外，关于"全球能力"的培养，教育管理机构提出可以分为四个阶段：认识到世界各国是处于一个互相关联的系统；拥有一定的跨文化经验和技巧；了解必要的关于世界各国的知识和新闻；掌握扎实的专业知识和技能（ACIIE，1996）。

通过分析 Wiseman（1978）等学者对跨文化能力的重要研究著作，Pusch（1994）列举出三种基本技能，包括处理压力的能力、建立人际关系的能力和顺利沟通的能力，会对跨文化能力产生影响。但是，有关跨文化能力的研究存在一些缺陷，那就是研究大多以个人为对象，忽略了动态的环境（Pusch，1994：205）。除此之外，Pusch（2004）指出了跨文化能力中另外一些不容忽视的主观要素，如逻辑思维严谨性、行为方式多样性和跨文化认同感等。

关于跨文化能力，Kohls（1996）虽然未能给出明确全面的定义，但是在《国外生存锦囊》中列出了美国人为适应跨文化环境需要掌握的十六项技能，这对跨文化能力的构成要素很有借鉴意义和价值。其中一项技能是自我意识，即对自身文化的认识，作为与不同文化团体成员交际互动的基础，最为重要。

与 Bennett（1993）的跨文化敏感性的发展模式有相似之处，Fennes 和 Hapgood（1997）在探讨跨文化能力和跨文化学习时，认为跨文化能力的发展应包括四个阶段：消除民族优越感，认知不同文化的异同，顺利地跨文化交流，形成一套固定的跨文化交流模式。关于这一过程，需要注意以下两点：一是个人的行为表现怎样才算满足其他文化要求；二是个人参考框架的适应性、灵活性以及延展性。这一点与 Bennett 的发展模式观点存在差异。

另外，其他学者也从不同的角度定义跨文化能力并对其构成要素或框架进行详细阐述分析。Fantini（2000，2006）指出，具备跨文化能力的个体能够与来自不同语言文化背景的人顺利完成交际活动。同时，他提出跨文化能力由五个要素构成，详细解释如下：

（1）特质和个性（包括爱好、幽默、好奇心、移情、开放性、模糊容忍度等），特质指的是与生俱来的个人特质，是先天的；而个性指在后期生活中获得并发展的个性，是后天的，与个体生活的文化背景关系密切。因此，特质和个性存在着先天与后天的差别，需要区别对待。这种差别对教学方案有启发意义，有些能力来自于特质，不可改变；但是有些能力与个性相关，可以通过后天培养和教育来提高。

（2）三类能力，涵盖三个部分：创建并维持良好交际关系；最小化交际误解；协作完成任务实现共赢。

（3）四个维度，即意识、知识、态度和技能。作为跨文化能力发展的最基本和最关键的部分，意识可以让个体思考自身文化和其他语言文化的共性和差异，从而加强个体对不同文化的认知程度。这四个维度相互作用，彼此联系，相互依存。一方面，意识的水平与知识、态度和技能三者成正相关的关系；另一方面，意识反过来作用于这三者，有利于其发展。

（4）母语水平。由于母语中形成的能力可以迁移到外语学习中，有利于培养学生跨文化交际中的交际策略和技巧。所以当个体母语水平较高、母语沟通交流能力较强时，这在很大程度上可以促进跨文化能力的发展。这种过程可以影响学习者世界观的转变。

（5）跨文化能力发展的不同等级，包括：教育旅行者（1—2个月）；旅居者（3—9个月）；专业工作者；跨文化/多元文化专家。

一些学者认为，跨文化能力是个体在外国文化情境中表现得体所需要的各种能力（Stern，1983；Damen，1987；Steele & Suozzo，1994）。Samovar 和 Porter（2001）认为具备跨文化能力的个体能够清晰地认识自己所处的文化情境，从而采用最佳的交际行为方式来进行交流。动机、知识以及技能三重因素是跨文化能力的重要成分（Gudykunst，1994）。除此之外，Samovar 和 Porter（2001）补充，跨文化交际中的普遍文化，或者特定的文化与环境（如商业、医疗等）也会对跨文化能力产生影响。Lustig 和 Koester（2003）使用"跨文化能力"这一术语，同时指出，跨文化能力由三个重要部分组成：环境背景和人际关系，互动有效性和得体性，相关的知识、动机和行为。跨文化能力与交际发生时的人际关系和文化情境有很大关系，而且对特定交际环境背景所要求的行为的文化预测会影响跨文化能力的评估。此外，跨文化能力表现的是个体交际的特征，而非个体本身能力的特质。也就是说，个体不可能在所有跨文化交际中展现能力的特征（Lustig & Koester，2003）。因而，跨文化交际的学者们在研究跨文化能力构成要素的过程中，不可避免会遭遇一些困难和障碍。在 Deardorff（2004）看来，跨文化能力是运用个人已有的跨文化意识、知识、态度和技能，在跨文化情境下完成有效而得体的交际活动。其中，"有效"与"得体"是跨文化交际的目标以及评估跨文化能力的条件，极为重要。Deardorff 认为个体本身可以决定交际的有效性，但是交际的得体性则取决于其他人的社会判断。因此，交际行为是否得体与交际对象的文化敏感性和目标文化规约密不可分。同时，Deardorff（2004）调查了九位学者关于跨文化能力的定义，其中 Byram（1997）的定义得到跨文化学者的普遍认可，即跨文化能力不仅要求个体掌握本国文化知识，还要学习他国文化知识，理解他国文化中的事件并与自身文化相联系；对其他文化保持相对主义的态度，拥有批判性文化意识，基于获取的新文化知识，在特定文化情境下运用这些知识，进行有效互动。另外，针对跨文化能力的构成要素，Deardorff（2006）提出的结构框架是之前不曾有的，包括五个部分：（1）知识：大多数跨文化学者认同关于跨文化能力的知识应涵盖：特定文化知识、深层的文化知识、文化的自我意识等。（2）态度：对待外来文化的一些基本态度，如好奇心、开放性、尊重等。出于好奇心和开放性，个体愿意冒险，接触外来文化。对待外来文化好奇、尊重、开放的态度能促进跨文化能力（如知识、技能等）的进一步发展。（3）技能：观察、评估、倾听、分析、解释不同文化中的事物和事件，并与自身文化中的事物或事件相联系的技能。（4）外部结果：知识、态度和技能以及内部结果均由个体可观察的外在行为表现所体现，即跨文化能力的外在表现结果。（5）内部结果：基于外部结果，进行有效得体的交际活动所产生的理想化的内在态度和价值观的变化，即个体能够以其他文化的视角，客观公正地看待其文化，尊重其文化，消除民族优越感，并以目标文化情境所期望的方式来对待交际对象。

通过分析之前学者们关于跨文化能力的理论发现，大多数学者对跨文化能力内涵的认识理解较为一致。这些学者们对跨文化能力的论述包括：Chen 和 Starosta（1996）认为跨文化能力是在特定文化情境中为满足目标文化要求，进行有效、得体的交际活动的能力。Byram（1997）提出，学生的跨文化能力表现在学生掌握跨文化交流方面的知识，树立正确的跨文化态度，运用灵活的跨文化交际技巧以及拥有批判性跨文化意识。其他学者对跨文化能力的构成因素进行了分析。例如，Spitzberg（1997）在定义跨文化能力时，指出其构成因素包括知识、动机、技能三个因素，三者相互作用、互相依存；Campinha - Bacote（1998）在跨文化知识、技能和意识三种基本构成要素的前提下，将跨文化碰撞和跨文化愿望两个要素添加到跨文化能力的组成成分中。总的来说，这五个部分互相依赖，共同作用于跨文化交际能力的发展。Fantini（2000）认为跨文化能力包括知识、态度、技能和意识这四个方面，如图 5 所示。认知能力、行为能力和情感能力三者相互作用，互为补充，共同组成跨文化能力（Young Yun Kim，2001）。Lustig 和 Koester（2003）对跨文化能力组成成分的研究探讨更为详细具体，影响衡量跨文化能力的因素如下：主观因素、客观环境、交际效果。具体来说，主观因素就是交际个体的知识、行为和动机；客观环境指的是跨文化交际发生的文化情境；跨文化交际需要达到有效得体的效果。与 Spitzberg（1997）相似，Samovar 和 Porter（2004）也将跨文化能力划分为三个方面：知识、动机和技能；Deardorff（2004，2006）认为跨文化能力包括知识、态度和技能等个人要素，以及外在结果和内在结果等交际双方互动产生的要素；通过分析归纳 Spitzberg 和 Cupach（1984）的跨文化能力模型，Spitzberg 和 Changnon（2009）指出跨文化能力的关键要素有知识、动机、技能、得体性和有效性等。

这些学者关于跨文化能力的定义有一个共性：均包含特定文化环境与有效得体的交际行为这两个条件。另外，他们在探讨跨文化能力的核心构成要素时也存在相似之处：均把知识、技能、态度和意识囊括在跨文化能力的构成要素之中。

国内关于跨文化交际的研究起步较晚，但一些中国学者也对与跨文

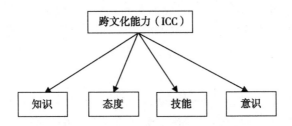

图5　跨文化能力构成要素（Fantini，2000）

化能力等同的"跨文化交际能力"这一概念进行了研究和探讨。贾玉新（1997）提出，跨文化交际能力包括基本的交际能力体系、情节能力体系、情感成分和关系成分体系以及战略能力体系。杨盈和庄恩平（2007）将跨文化交际能力划分为知识、全球化意识、文化适应性以及交际能力。另外，吴卫平、樊葳葳和彭仁忠（2013）基于Byram（1997）的跨文化能力模型，通过问卷调查的定量研究方法和访谈的定性研究方法，在中国大学生中开展实证研究，并提出了一个包含六个维度的跨文化能力模型，具体如下：

（1）本国文化知识。包括本国社会规范知识、本国历史知识和本国价值观知识三个要素。

（2）外国文化知识。由七个要素组成：外国社会规范知识、外国言语行为知识、外国历史知识、外国价值观知识、外国文化禁忌知识、跨文化交流和传播的基本知识、跨文化交流的策略和技巧。

（3）态度。包括三个要素：同来自不同文化的外国人交流和学习；尊重外国人的社会习俗和生活方式；学习外国语言和文化。

（4）跨文化交流技能。即理解和解释的技能，包括九个要素：面临跨文化误解时和交际对象协商的能力；出现语言沟通障碍时借助其他非语言方式（如身体语言）来表达的能力；使用外语和来自不同文化的外国人进行有效交际的能力；在与外国人交际时以礼相待的能力；跨文化交际时尽量避免不得体的语言和行为、防止冒犯他人的能力；跨文化交际时尽量避免对外国人抱有偏见的能力；交际时避免关于隐私话题的能力；具有对跨文化差异敏感性的能力；从多个角度、换位思考地看待其他文化中事件的能力。

（5）跨文化认知技能。由三个要素组成：通过直接与外国人接触的方式获取关于跨文化交际知识的能力；通过各种方法、策略与技巧来学习外国语言和文化的能力；反思跨文化冲突并寻求妥善解决途径的能力。

（6）意识。包含三个要素：意识到跨文化交际时交际双方存在文化的共性和差异；意识到跨文化交际时文化身份的差异性；意识到从不同文化视角看待具体跨文化交流情境。

基于已有不同学者的研究，本书对跨文化能力给出了如下定义：人们通过在不同的跨文化环境中成功运用个人内部特性（如本国文化知识、外国文化知识、态度、跨文化交流技能、跨文化认知技能以及意识），可以与来自不同语言和文化的人们进行有效且恰当交际的能力（Fantini，2006；Byram，1997；Deardorff，2006）。

第二节　跨文化接触理论

一　接触理论来源和定义

从单纯的物理距离到亲密无间的友谊，接触不断变化。学者们对群际接触进行的理论构建最早开始于第二次世界大战后，目的是探寻减少群际偏见的有效解决方案（Watson，1947；Williams，1947）。接触这一术语源于 Allport（1954）著名的接触假说，他在 *The Nature of Prejudice* 一书中第一次系统地提出了群际接触理论，认为不同群体成员之间积极的接触应该增进群际关系，尤其是应该减少消极的群际偏见。

与另一文化群体成员接触会增强学习者的文化意识，通过比较和欣赏两种文化的异同，理解文化差异，同时对自己的本土文化持有客观态度（Byram & Fleming，1998）。Pettigrew 和 Tropp（2006）在分析接触影响时发现该群际接触理论除了可以运用于最初发展的种群外，同样适用于其他种群。

接触假说的支撑依据，为促进学校群际整合、住房供给、运动和娱乐的社会政策奠定了基础（Wagner et al.，1989）。但同时，当时支撑接触假说的研究依据并非清晰明确 （Barnard & Benn，1987；Desforges et al.，1991；Jackman & Crane，1986）。许多为假说提供支撑依据的研究，其外部效度多有局限，因为研究者并非利用实有（种族、性别）社会群体，而是对受试者的群体成员关系进行了实验操纵 （Bettencourt et al.，1992；Gaertner et al.，1990；Gaertner et al.，1989；Miller et al.，1985）。因此，所有现存的有关接触假说的研究，其主要局限在于无法证明群际接触能够消除人们对陌生群体外成员持有的偏见 （Amir，1976；Brown，1995；Cook，1978；Hewstone & Brown，1986）。事实上，甚至那些已经起到推广效果的研究通常也只能立足于人为设计的短期实验室互动 （Bettencourt et al.，1992；Desforges et al.，1991）。

Allport 认为群际接触只发生在四种有利条件下时，才会促使个人对群外成员的态度倾向发生积极变化，这四种有利条件分别是"情境中同等的群体地位；共同目标；群际合作；当局、法律以及习俗的支持"（Allport，1954：537）。

根据 Allport （1954）的理论，态度塑造人们的行为，群体偏见大部分是由于两个不同团体间缺乏了解和错误认知造成的。最佳群际接触的四种有利条件对改变人们对群体外部成员的消极态度，减少群体偏见，从而引起个人品行的有利变化是非常关键的。

虽然 Allport 在 *The Nature of Prejudice* 指出了他的理论假说，但是他没有提供群际接触的明确定义，他在书中提到，群际接触通常涉及来自不同文化的不同团体间的交流，认为对群际接触下定义是非常不容易的。

接触包括 cross - cultural contact，intercultural contact 以及 intergroup contact。总体来说，海外学者认为前两个是相同的概念。在海外研究中，intergroup 在很大程度上通常指来自不同文化背景的两个或多个团体或社团，因此 intergroup contact 又可以被称为"intercultural contact"（张延平，2012）。深层次的接触和浅层次的接触必须相互区别：深层次的接触有益于人们共事，而浅层次的接触可定义为同为物理存在但无相互作用 （Salter & Teger，1975）。

Kormos 和 Csizér （2007）从处于外语环境中语言学习者的角度来定

义跨文化接触，"对于大多数接受公共教育的学生来说，语言学习意味着习得世界上和他们的地理区域中享有盛名的语言，跨文化接触包含直接和间接地与说目标语言的本族人和非本族人的接触，同时也包含与目标语言下的文化产品（电子和印刷媒体等）相接触"（Kormos & Csizér，2007：244）。基于这样的定义，他们的研究中有两种基本类型的跨文化接触：涉及与目标语言中本地和非本地说话者之间进行言语互动的直接接触以及通过与目标语言团体的成员有过接触经验的非目标语说话者的接触，例如通过父母、老师、兄弟姐妹（有出国经历）等。此外，间接文化接触也涉及与目标语言中的文化产品如各种各样的媒体（电视、互联网、书籍、电影、杂志和报纸）的接触（Clément & Kruidenier，1983）。他们的研究结果显示：直接接触和间接接触分别有两种子类型，具体包括直接口语接触和直接书面语接触，间接人际接触和间接文化产品类接触。而且，每一个子类型都有不同的组成成分。具体来说，直接口语接触包括在目标语言及非目标语言国家与居住于国外的本族说话者进行面对面的交流，在国内与本族和非本族说话者交流；直接书面语接触包括与外国人进行打字形式的网上聊天、电子邮件和书信往来等。间接人际接触包括在国外和国内看见远处的外国人但并不与他们交流，通过家庭成员和老师进行间接的个人接触，以及通过文化产品如电视、互联网、书籍、电影和杂志等进行间接的接触。

二　国外跨文化接触相关研究

从接触假说被提出来后，就有不同学者从事这方面的研究。为了实现最积极的跨文化接触，更好地促进跨文化交际，避免不同文化群体在交流过程中存在误解、冲突和偏见，学者们在接触条件、态度、效果影响等方面进行了研究；同时，还有学者拓宽接触的类型范围，探究不同种类的接触。因此，之前的学者已经对跨文化接触有了一定研究，尤其以国外研究为主。国外学者从 20 世纪 50 年代就开始了跨文化接触的研究，他们对接触的条件、各种情境、接触对象、态度以及跨文化接触的影响、应用等进行了探究。

1. 早期的接触条件、情境研究以及局限性探讨

Allport 指出要实现最佳群际接触，减少群际偏见，必须满足四个条

件，分别为同等地位；共同目标；群际合作；当局、法律、习俗的支持。其他一些学者对这四种接触情境进行了详细研究：

（1）同等地位：指的是群际接触应该发生在团体间都处于同等地位的情况下。这与许多研究者们的研究是一致的。Brew 和 Krammer（1985）证实同等地位可以更有效地促进群际接触。而且，研究者们也注意到处于交流中的团体应该期望和感受到每个团体的平等地位（Cohen & Lotan，1995；Cohen，1982）。另外，Jackman 和 Crane（1986）在他们的研究中指出当一个团体发觉外团体成员的地位较低时，群际接触的消极效果就产生了。

（2）共同目标：指的是每个团体都应该致力于达成他们的一致目标，而不是进行竞争以达到他们的目标。在减少偏见的群际接触过程中，目标达成情况反过来可以加快每个团体的合作进程。

（3）群际合作：指的是团体之间为了改善群际关系而相互合作，并且达成共同目标。正如 Bettencourt 等（1992）所指出的那样，目标达成必须在没有群际竞争的情况下依靠他们之间的相互依赖。

（4）当局、法律、习俗的支持：指的是群际接触被很好地接受，并且产生了更多群际关系的积极效应。Pettigrew（1998）阐明当局的支持为人们接受群体外部文化和进行积极的群际接触奠定基础。这和那些认为在当局、法律、习俗支持的情况下，群际接触可以产生接受力和积极效应的其他研究是一致的（Morrison & Herlihy，1992；Parker，1968）。

还有一些学者试图提出最佳群际接触的新情境因素。Wagner 和 Machleit（1986）得出一些结论，即积极效应需要一门共同语言和自愿接触。Cook（1978）强调了"成见"作为情境因素的重要性。Stephan（1987）研究了群际接触、接触条件、偏见下降、群际关系中情感变化之间的联系。然而，大部分的研究都是结果导向，这意味着他们缺少对最佳群际接触下偏见减少的过程关注。

与这些关于群际接触理论的研究相比，Pettigrew 后期更关注群际偏见减少的过程。Pettigrew 提出了一个纵向群际接触理论，并把"友谊的潜力"加入接触情境中。因此，在最佳群际接触中有五种有利条件：同等团体地位、共同目标、群际合作、当局权威支持和友谊的潜力（Pettigrew，1986，1998）。在 Pettigrew 后期的相关研究中，他探索了在最佳群际接触下偏见减少的过程，发现了最佳群际接触对外部团体的影响，由此打破了内部团体的限制，并且使得这一理论适用于不同类型的外部团体和群际接触情境（Pettigrew & Tropp，2006）。

为了揭示 Allport 提出的四种有利条件如何影响群际交际结果，另外一些学者开始了他们的研究项目，既包括自然领域内可控性很高的实验室研究成果，也包含采用全国样本的具有代表性的调查研究（Amir，1969；Cook，1978，1985；Desforges，1991；Hewstone，1985；Islam & Hewstone，1993；Stangor，1996；Pettigrew，1998），这些研究项目中大部分都成功证明了 Allport 提出的四种有利情境会对种群间态度产生积极影响，减少群际偏见。

这些群际接触和跨文化接触的学者们对不同群体之间相互认知和互动的条件有了广泛研究，认为群际接触在有利条件下可以较少出现群际偏见，这对了解并改善群际关系很有价值和意义。然而，这些研究都没有摆脱两个局限性。

局限 1：跨文化接触的理想化和最佳化

大多数跨文化接触研究已经确定并检验了条件类型（"接触应是自发的""接触应是定期且频繁的""接触应产生于具有相似社会经济地位的个体之间"），这些都有助于形成积极的跨文化接触（Allport，1954，1979；Amir，1969，1976；Stephan，1987）。为了最大限度地减少群际偏见并形成最佳群际接触，这些关于如何、何时以及何种组合方式等有利的跨文化接触条件都是被分析出来的（Dixon，et al.，2005）。这意味着，研究者们仅仅只研究有利条件下的接触。虽然这为群际研究做出了值得称赞的努力，但也可能对整个领域的目标产生反作用。因此，这类研究可能不适用于个人现实生活中的日常接触（Amir，1969；Bramel，2004；Dixon et al.，2005；Ellison & Powers，1994；Jackman & Crane，1986；Pettigrew & Troop，2000；Smith，1994）。据几位群际接触学者所述（Connolly，2000；Dovidio et al.，2003；Jackman & Crane，1986），实际生活中的跨文化接触是不可预测的，且充斥着许多不同的矛盾变量，这取决于变量所属的文化群体和他们的历史、经历以及周围的社会政治环境。因此，人们在很大程度上忽视了个人和文化群体在混乱的现实生活中是如何进行跨文化接触的（Connolly，2000；Dixon et al.，2005；Pettigrew & Troop，2000）。

局限2：跨文化接触研究方法的限制

除了赋予跨文化接触一个理想化的定义，为了调查研究积极跨文化接触的必要条件，群际研究还采用了实证调查的研究方法。一些可控的、可重复的实验在虚拟的类似实验室的环境中进行，这加强了群际领域研究（Brown & Albee，1966；Butler & Wilson，1978；Desforges et al.，1991；Gaertner, Mann, Dovidio, Murrell & Pomare，1990；Gaertner, Mann, Murrell, & Dovidio，1989）。这些实证研究尝试操控和分离接触假说的一些条件进而观察其后续效应，这些实验研究又重现了跨文化接触的最佳定义（Connolly，2000；Pettigrew & Troop，2000）。虽然接触实验在其自身领域的价值毋庸置疑，但对于复杂生活中的跨文化接触却并没办法深入了解（Bramel，2004；Dovidio et al.，2003）。所以，跨文化接触的调查研究依靠接触假说，同时促使最佳接触假说建构（Ellison & Powers，1994；Hallinan & Williams，1989；Robinson & Preston，1976；Sigelman & Welch，1993；Tsukashima & Montero，1976；Wright et al.，1997）。这些研究采用大规模测量工具（通常为全国范围内的电话调查），询问个体对于跨文化接触的一般性认知以及对其他文化群体的理解。这些调查项目虽然揭示了对不同文化某些方面的态度倾向，但不能被挪用到个人的主观描述、意义建构以及这些群体成员具体的交往经历上。人们这些"一般性"调查问题的回应揭示出关于跨文化接触的深刻见解：第一，群际学者依赖于跨文化接触理想化的最佳定义；第二，过分信赖可控的"实验室"实验方法论和预想的大范围测量工具，而测量工具只衡量了跨文化接触的整体印象。这两点说明这个领域还需要检验受试者个人在特定条件下、偶然的跨文化接触下的定义和体验（Bramel，2004；Dixon et al.，2005；Pettigrew & Troop，2000）。如果将重点放在个人现实生活中的跨文化接触经历上，学者们可以通过参与者的角度了解到跨文化接触是如何（不）发生，为何（不）发生及其发生的程度，这有助于确定个体以具体情境的、文化渗透的方式来建构跨文化接触意义。

针对这两个局限性，Nesdale 和 Todd（2000）在现实日常环境中评估验证 Allport 的接触假说，同时控制两个交际群体的接触程度。他们通过与一所澳大利亚大学宿舍里的 76 名澳大利亚学生和国际学生的接触（与一个受控宿舍楼的 71 名澳大利亚学生和国际学生进行对比）来实施长达七个月的干预措施，并评估干预措施如何影响学生们的跨文化接触和对外部群体成员的接受性。而且，该研究评估了三个变量（如文化定势、文化知识、文化开放性）对跨文化接触效应的调解程度。通过调查问卷的方式，该研究在一个相对自然的环境下，在漫长的时间内，在两个之前彼此并不熟悉的群体间评估跨文化接触假说，这不仅使接触的普遍性得到衡量，而且为跨文化接触假说提供了可靠的支撑依据，即宿舍楼内的接触模式往往直接影响校园的更广泛接触程度以及学生的跨文化接受水平。此外，研究结果表明干预措施对澳大利亚学生和国际学生的影响不同，而这种影响与学生个人的跨文化知识和开放性有关。除此之外，R. T. Halualani（2008）以美国的一所多元文化大学的 80 名学生为参与对象，以定性研究的方法，在为期三年的时间里对这 80 名学生进行了深度访谈，学生对自己在此期间的校内跨文化交际做出定义和描述。通过访谈，此研究探讨了美国多元文化下大学中不同文化背景的学生对于跨文化交际的定义、理解和经历。最终研究发现，多元文化大学的学生对跨文化交际有着复杂和多层次的解读，这在某种程度上形成于周围多样性的意识形态、文化的具体定义以及他们对国籍、种族和交际双方种族划分的不同认知。

以前有很多学者除了研究接触的条件，其实对接触结果以及跨文化接触过程中的多种因素进行了一定的评估和分析（Blaney, et al., 1977；Bond, et al., 1988；Cohen, 1972；Hewstone & Brown, 1986；Johnson, 1982；Novell & Worchel, 1981；Riordan & Ruggiero, 1980；Wilder & Thompson, 1980）。虽然这些研究让学者们对跨文化接触的条件和态度有了一定了解，但是这些研究不能回答多元文化情境中不同群体之间跨文化接触的确切情况，主要包括三个问题（Pettigrew, 1986）：

（1）不同种群间的跨文化接触到底达到了什么程度？即特定的群体在具体情境中跨文化接触的实际量和频率是不清晰的；（2）跨文化接触具体相互作用的本质是什么？包括接触持续的时间、产生情境、接触双方关系类型（陌生人、熟人、朋友）、交际话题；（3）白人和黑人之外的群体之间的跨文化接触有什么特征。因为跨文化接触的研究集中在多数群体（美国白人或欧裔美国人）与少数群体（黑人或非洲裔美国人）之间的跨文化接触。

为了回答之前学者们研究中遗留下的这三个问题，R. T. Halualani 等几位学者分析了来自一个多元文化大学内不同种族学生（包括拉丁美洲人、黑人、非洲裔美国人、美国白人、欧裔美国人和亚裔美国人）在同一情境下跨文化接触的模式和相互作用的频率，具体测量了在一段特定时间内个体之间跨文化接触的量和本质（比如讨论的话题、持续时间等）。研究发现，大多数群体只愿意和其他的某一个群体进行浅层次的跨文化接触，大多数的跨文化接触只发生在校内课堂上和校外工作场所（Halualani et al.，2004）。

2. 跨文化接触与态度

除了对跨文化接触的条件进行研究，一些学者也重视接触过程中的跨文化态度，因为态度决定行为（Allport，1954）。Rosenberg 和 Hovland（1960）认为，态度的成分包括认知、情感、行为。在接触过程中，认知、情感、行为这三种成分以一种复杂、动态的方式相互作用。情感成分包含个人对一个国家或一个群体的情绪反应和感受；认知成分包含一个国家或群体的属性，例如占地面积、军事力量、物质财富；行为成分包含人们对一个民族或少数民族的回应方式，例如，他们会思考是对一个特定群体提供社会帮助还是发动战争（Scott，1966）。

一些学者探究跨文化接触与内部群体对外部群体持有态度两者之间的关系。移民们潜在的两种文化适应方式包括接受本土文化和跨文化接触，这两种方式会影响本土文化成员对移民的态度。Matera, Stefanile 和 Brown（2012）进行了两项调查，在两项调查中，参与者都与同一位身份被操纵的非洲移民进行面谈；不同的是，在第一项调查中，对这位非洲移民保留文化和就跨文化接触的意愿进行了控制，而在第二项调查中，对移民者接受本土文化的意愿进行了控制。研究表明，移民们不管是选择跨文化接触还是接受本土文化来达到文化适应的目的，都会对本土文化成员的态度产生积极影响。

Mak 等人为了揭示跨文化接触如何影响本土学生对国际学生的态度，调查了 247 名出生于澳大利亚的国内本科生与国际学生接触的数量和质量、群际焦虑水平、跨文化交际情感以及本土学生对国际学生的态度。调查发现，积极的跨文化接触、较少的群际焦虑、更多的跨文化交际情感会引起本土学生对国际学生更积极的态度。跨文化交际情感既是积极接触和态度的潜在中介，也是群际焦虑和态度的潜在中介。接触对群体之间的态度有着直接和间接影响（通过群际焦虑和跨文化交际情感）（Mak et al.，2014）。

另外一些学者则关注国际学生对本土学生所持有的态度。为了探究出生于亚洲的国际学生对文化的包容性和跨文化接触之间的关系，以及它们如何影响国际学生对不同文化的国内学生的态度，Tawagi 和 Mak（2015）调查了澳大利亚大学里的 190 名（72 名男性和 113 名女性）出生于亚洲的国际学生。结果表明，文化包容性和接触质量会影响跨文化态度，接触的质量在文化包容性和跨文化态度之间起着部分中介作用，所以创造一个包容性的教育环境对于群际接触和态度是极其重要的。

3. 接触不确定性

有的学者对接触的特征进行了探究，即来自不同文化人们的相互接触往往伴随不确定性。这种不确定性来自对另一文化群体的态度、信仰、价值观以及行为的不可预测性（Berger & Calabrese，1975；Gudykunst，2005）。他们通常不确定互动对象某些反应的意义，以及如何以恰当方式应对这些反应（Gudykunst & Nishida，2001）。关于对不确定性产生后果的研究表明，不确定性与消极的情感反应和避免接触的行为没有关系（Merkin，2006；Sorrentino & Roney，2000；Van der Zee et al.，2004）。在跨文化接触里，一些人可能把不确定性视为有趣的、具有挑战性的场景，他们可能想去接触来自不同文化的成员。相反，其他一些人或者还是同样一批人（只是处于跟之前不一样的情境）可能把跨文化互动中的不确定性当作威胁，并可能因此避免跨文化接触。不同的个体在不一样的情境中发生跨文化接触时，不确定性也是有差异的，这取决于个体的跨文化经历和知识、接触双方在文化上的相似性。

Samochowiec 和 Florack 认为个体的情感状态和对潜在交际对象的可预测性会影响其与外部群体成员进行跨文化接触的意愿。当个体处于焦虑情绪时，他会更不愿意与不易预测的潜在交际对象进行跨文化接触；并且当个体处于一种更积极安全的情绪状态时，对交际对象的可预测性在跨文化接触中的影响就会减少。为此，他们进行了一项实验研究，测试了在焦虑情绪和对潜在交际对象的预测程度存在差异的 80 名学生，最终实验结果证实了这一假设（Samochowiec & Florack，2010）。

4. 想象的跨文化接触

除了研究现实生活中不同群体之间的跨文化接触，一些学者也对想象的跨文化接触感兴趣。想象的跨文化交际通过心理意象技巧，即有意识、有目的地在心里创造一个人或物的形象（Blair et al.，2001），从认知上刺激不同社会群体的人进行接触和交际。Turner，Crisp 和 Lambert（2007）进行了三项实验，发现简单地想象一些事件和交际过程也可以达到和现实经历一样的效果。这表明，通过心理意象和想象，想象的跨文化接触和现实生活中的跨文化交际一样，可以达到相似的情感、态度和动机反应。

5. 延伸接触/间接接触

群际接触包括直接接触和间接接触。积极的直接群际接触被称为减少偏见和族际冲突的"捷径"（Allport，1954；Pettigrew，1998）。但是，与一个外部群体成员的直接接触可能是有限的，自然的直接群际友谊也是相对稀少的，所以需要实施干预措施达到大规模建立群际友谊的目的。

因此，研究者们发现了另外一种减少偏见的可能：延伸接触，或者间接接触。根据延伸接触假说，如果个体能意识到内部群体成员拥有外部群体的朋友，会改善人们与外部群体的关系；这里需要区别延伸接触（认识到内部群体成员与外部群体成员建立接触关系）和延伸友谊（认识到内部群体朋友与外部群体成员建立友谊关系）（Wright et al.，1997）。换句话说，延伸接触假说认为，延伸友谊会减少群际偏见。

Wright（1997）等学者认为，相对直接接触，延伸接触在改善群际关系方面有一些优势。首先，延伸接触在没有直接接触的情况下也能减少群际偏见；其次，比起朋友的群际关系，以一个旁观者建立的群际关系可以更容易地促进一般化的对外部群体客观良好的整体判断（Brown & Hewstone，2005）。而且，延伸接触是一个相对安全无威胁的经历，不像直接接触可能引起交际的焦虑情绪从而对外部群体产生敌意避免交际（Stephan，2000）。

但是，有一个核心问题尚未解决，那就是直接接触和延伸接触的量如何相互作用进而影响群际关系。有三项以实证为基础的研究分别在美国、莫斯科和英国进行，这三项研究证明，当直接接触很少时，较高层次的延伸接触减少群际偏见，并且增强个体与外部群体文化接触的意愿。然而，当直接接触较多，延伸接触是不会影响群际关系的。这些发现表明，只有当直接接触机会较少时，更多的延伸接触让人们意识到内部群体和外部群体的深厚友谊，从而对群际关系产生积极影响（Eller et al.，2012）。

6. 跨文化接触与语言学习

当然，跨文化接触的效果和影响也是不容忽视的。语言态度和语言学习动机是相互影响的，而态度是跨文化接触中的一个重要研究对象，因此，一些学者致力于研究跨文化接触与语言学习动机之间的关系。在第二语言学习领域，接触被作为动机的关键组成部分第一次出现在Clement（1980）的模型中。这个假说模型在 Clement 和 Kruidenier（1983）的一项研究中得到检测，这项研究的结果表明，在第二语言学习中频繁愉快的接触经历会提高个人的语言学习自信，从而增强语言学习动机。群际接触跟使用英语的焦虑、英语课堂焦虑呈负相关，跟能力自我评估、自信呈正相关（Clement et al.，1994）。在探究接触和自信的关系时，结果表明，英语学习者与加拿大人的群际接触与他们对英语的自信呈正相关（Noels et al.，1996）。

Clement（1994）等学者调查了在匈牙利双语情境下不同的语言学习动机，最终分离出英语媒体这一动机，它包含对英语国家文化产品的消费。英语媒体这一因素受到参与这项研究的高二学生（十七岁）的强烈认可，这一结果强调了第二语言文化产品对第二语言学习者的态度起着不可忽视的作用。对匈牙利国家的研究并未止于此，Dornyei（2006）等研究者总结出通过一系列的文化产品，间接接触是语言学习者对第二语言的自信，对第二语言团体态度的主要来源。同时，个体对第二语言的自信会决定他们对第二语言文化产品的接触，这一接触又进一步增强了他们对这些文化产品的兴趣（Dornyei & Csizer，2005）。学者们以定量研究的方法探究了跨文化接触的效果，包括对语言态度、自信、焦虑、动机行为的影响。但是，有一些问题，如接触类型、学生如何看待接触对第二语言学习态度和动机的作用，仍不清晰。

因此，为了解答这些疑问，Kormos 和 Csizer 调查了来自匈牙利的40 名英语和德语学习者。结果表明，学习者大都通过文化产品这种间接接触的方式了解目标语和其文化；他们对目标语文化的各个方面持有的态度各不相同；学生们认为跨文化接触有利于发展他们的跨文化交际能力、增加他们的语言学习动机、降低英语使用焦虑情绪（Kormos & Csizer，2007）。

Kormos，Csizér 和 Iwaniec（2014）采用定性和定量的方法研究了直接接触和间接接触在语言学习中的改变、语言学习态度和学习者的努力等。他们让 70 名在英国学习、参与一项国际基础项目的国际学生在一学年里填写一份调查问卷三次，并且在学期末的时候采访了额外的 10名学生和他们的语言学习导师。在这个国际研究计划过程中，研究者们分析了学生在三次不同时间里语言学习动机、接触频率以及接触类型的变化；结果表明，书面和媒体接触的频率在这一学年里增加了，而口头接触减少了。这项研究得出，接触经历、社会环境因素和学习者内在因素三者之间存在动态的相互影响，共同对国际学生的学习起着重要作用。

7. 国际学生跨文化接触

由于现在国际教育越来越频繁，例如交换生、海外留学项目等，学者们开始将研究对象拓展到国际学生上，旨在帮助国际学生适应不熟悉的文化环境和不同教育体制。与英语本族人接触和建立社会关系已经被证实可以增长国际学生的经验以及促进他们对不同文化的适应（Furnham & Bochner，1982；Shigaki & Smith，1997；Stone，2000；Westwood & Barker，1990）。然而，尽管国际学生有与本土学生建立关系的意愿，这种关系仍然是浅层次的接触（Brebner，2008；Kashima & Loh，2006；Sakurai et al.，2010；Ward & Masgoret，2004；Westwood & Barker，1990；Zhang & Brunton，2007）。即使校园里有很多国际学生，这也不意味着跨文化接触就会发生（Leask，2009；Todd & Nesdale，1997）；Butcher（2002）发现在新西兰文化情境下，几乎有四分之一的国际学生从来不与新西兰人接触。对于本土学生而言，自愿与国际学生进行跨文化接触是很稀少的（Ward et al.，2009），也有当地学生指望着这些"来客"主动地去认识他们，而不是他们主动去结交这些留学生（Brebner，2008）。由此可见，国际学生很难与当地学生交朋友（Brebner，2008；Campbell & Li，2008；Sakurai et al.，2010；Westwood & Barker，1990）。常被提及的一个原因就是国际学生说英语不自信（Elsey & Kinnell，1990），另一个原因可能是当地学生不情愿、没兴趣跟他们交朋友（Brebner，2008；Ward，2001），或者"忽冷忽热，并不总是那么热情"（Andrade，2006，p. 143）。

很多研究认为"同伴互助项目"，也被称为"同伴指导项目"，有着明显的积极效应，可以帮助国际学生适应新的文化环境，克服与本地学生缺乏接触的困难。为了加强国际学生和本土学生的友谊关系，Nittaya Campbell 在一个跨文化交际班级里实施了持续一学期的"同伴互助项目"。在这个项目里，每位国内学生是对应的每一位新来国际学生的朋友，在这几个月里为国际学生提供社会文化上的帮助；同时，国内学生和国际学生一起以实践、经历的方式，完成课堂上的理论学习任务。最终，这个项目得到了国内学生和国际学生的积极回应，这个项目不仅让本地学生学会了在实践经历中学习，而且帮助了国际学生更快更顺利地适应新的文化环境和学习体制（Campbell，2012）。

Josek（2014）以问卷的方式调查了捷克一所大学的 159 名学生，通过分析跨文化接触的水平以及影响它的因素，此研究旨在探究捷克学生和国际学生跨文化接触的特点，并找出种群之间的不同点从而提高跨文化接触的水平。研究发现，和外部群体朋友频繁的交流（特别是自愿的、在非正式活动中）以及拥有一项跨文化个性特征（动机性的）会帮助个体交到更多来自外部群体的朋友。除此之外，对学生用英语教学可以让学生在跨文化接触中的表现更佳。

三 国内跨文化接触相关研究

相对国外研究，国内学者对跨文化接触的研究起步相对较晚，但是在这一领域也有一定的研究成果。

在跨文化接触中，一些学者从内部和外部探讨了影响跨文化能力的因素，内部因素包括认知方式、应对方式、人格、文化知识与技能等；外部因素可以是出国旅居、社会支持、距离、成见等。例如，陈慧、车宏生和朱敏（2003）认为跨文化接触会影响个体对不同文化的适应，并对影响跨文化适应的因素进行了探究。

有的学者探讨了跨文化接触过程中语言文化的融合。基于跨文化交际研究和语言文化对比研究中重差异、轻融合的现象，蒙兴灿（2007）认为在全球化背景下语言文化的接触与融合是历史的必然，是不可抗拒和不可逆转的。

还有一些学者对非言语的跨文化接触进行了一些研究。在大多数情况下，人们在交际中都是用言语接触方式来传递信息；但是，在一些情况下，出于人际关系敏感性的考虑，人们会采用沉默的跨文化接触进行非语言的信息交流，例如面部表情、身体动作、语调、穿着、时间和空间等。在非言语的跨文化接触中，由于各种非语言信号不是普遍的，在不同的文化环境和不同的情境中，它们有着不同的含义，所以在非言语接触中，接触双方也会产生误解和冲突，给交际造成障碍（钟瑛，2008）。

语言是文化的载体，当不同文化之间相互接触时，就会发生语言接触和变异。杜楠（2009）以汉语为出发点，讨论了中国与亚洲其他地区以及欧美地区的文化接触和语言接触，在接触过程中，双方语言会相互影响，这种变异主要体现在词汇上，特别是外来词。廖慈惠和李向奇（2009）也认为文化接触、语言接触引发英语演变，主要包括两种类型：一是借词，即外来词汇的大量借用；二是转用干扰，即语言学习者将母语的音系和句法特征转用到目标语中。

与国外学者相似，中国学者从中国本土大学生的视角出发，探究了中国在校大学生对文化内涵和文化差异的理解、对校园跨文化接触的态度和切身体会。王天君（2010）以复旦大学的中国学生为研究对象，对其中的20名中国大学生进行了一对一的深度访谈。研究发现，中国大学生对文化内涵的理解受价值观和校园环境的影响。尽管存在不确定性和焦虑的消极情绪，中国大学生普遍还是对与国际学生的跨文化接触表现出极大的兴趣和热情。但是，积极的态度并没有带来相应的行动，中国校园里的跨文化接触仍然是浅层次的、频率较低的接触。

社交媒介接触，作为间接接触的一种，受到国内学者的广泛关注。为了提升中国语言与文化的传播效果，张国良、陈青文和姚君喜（2011）等进行了一项以外籍汉语学习者为对象的实证研究，通过问卷调查的方式，了解他们对中国的媒介接触与文化认同现状，并分析语言学习、媒介接触与文化认同三者之间的关系。最终研究表明，外籍汉语学习者对中国的文化认同度高，但是媒介接触频率低。提高汉语学习者对中国媒介接触的频率，不仅有利于其语言学习，而且会提高其对中国文化的认同度。

除此之外，一些学者对跨文化接触方式和跨文化接触的路径进行了研究。例如，彭仁忠和吴卫平（2016）采用结构方程模型的方法测量了跨文化接触以及它对跨文化交际能力的作用效果。该研究通过探索性因子分析和验证性因子分析的方式，对信度和效度进行了一系列分析，结果表明中国大学生跨文化接触量表具有良好的信度和效度。运用结构方程模型对跨文化接触的主要路径及其重要性的分析结果显示，跨文化接触的途径有利于提高学生的跨文化交际能力。直接接触有四种途径：国外社交媒体、国内社交媒体、国外跨文化交流活动、国内跨文化交流活动，其中国内社交媒体相对最重要，国外社交媒体相对较重要，国外跨文化交流活动重要性一般，国内跨文化交流活动重要性最小；间接接触包括文化产品、多媒体与课程两种途径，其中文化产品相对更重要，多媒体与课程重要性一般。

第三节　本章小结

　　本章主要是对本书所涉及的跨文化能力和跨文化接触相关理论进行了文献综述。通过文献综述对跨文化能力的含义、跨文化能力的相关理论、跨文化接触的来源和定义、跨文化接触的相关理论及国内外文献研究进行了详细梳理，为后续跨文化能力和跨文化接触情况调查、路径分析及其关系路径模型构建了坚实的理论框架和研究基础。

第三章

中国大学生跨文化能力发展状况调查

第一节　对中国大学生跨文化能力发展
调查与分析的现实要求

21 世纪以来，随着中国全球化和国际化的日益发展，尤其在习近平主席提出"一带一路"战略设想以来，沿线 50 多个国家不管在历史传统和语言文字方面，还是在社会制度和宗教信仰等方面都存在巨大差异，"一带一路"建设因此面临诸多问题和挑战（周虹，2016；徐国彬，2009；时敏，2014），由此，跨文化能力（ICC）在全球化时代显得越来越重要。而且，外资的大量进入和人才在国际流动性越来越频繁，对高层次国际化人才的需求将日益增加，尤其是涉外职业的国际化人才，如外语外贸、营销、商务谈判、人力资源、工商管理、信息技术、国际旅游、财务、行政、翻译、国际法等。此外，党政机关以及各行各业对跨文化人才的需求也日益增加（徐国彬，2009；周虹，2016；时敏，2014）。西方国家如美国和欧洲的一些高级商学院十分注重对学生跨文化能力的培养。随着中国向国际化进程的进一步迈进，各高校也愈加重视培养学生的跨文化能力，而且他们针对培养较高质量的跨文化人才进行了不懈的探索。由此，经由各高校培养的各类跨文化人才不仅在中国与国际的交流中发挥了重要作用，而且在世界诸多的国际协作机制中起着不可替代的作用（时敏，2014；周虹，2016；徐国彬，2009）。

第二节　对中国大学生跨文化能力
发展的调查与分析

一　引言

21世纪以来，随着中国经济全球化的发展，与国际的交流日益增多，越来越需要从事国际交流的跨文化人才，也对各高校传统的人才培养策略提出了前所未有的挑战。各高校不仅需要着眼于培养各学科的专业人才，还需要培养从事国际交流的跨文化人才。目前，"跨文化能力（Intercultural Competence）"已成为国内外学者关注的热点话题，而且如何提高大学生的跨文化能力已成为各高校培养跨文化人才的核心内容。由此，本书针对中国高校大学生跨文化能力情况进行的实证调查与分析，不仅可以为高校大学生高层次的国际化人才培养方案设计提供数据参考，也可以为在华外资企业或跨国企业的人才招聘提供工具与方法参照。

二　跨文化能力的内涵与维度

跨文化能力的概念可以追溯到20世纪70年代Hymes（1972），Ruben（1976），Hammer et al.（1978）以及其他学者提出的众多有关跨文化交际能力的理论。交际能力这一概念最开始由Hymes提出来。一方面，交际能力要求个体掌握语言知识和语法规则；另一方面，他还要求个体能够熟练地使用语言。交际能力最重要的是满足目标语言的适当性这一要求。也就是说，语言的使用要符合特定文化情境的规范（Hymes，1972）。为了进一步阐明交际能力的概念，Ruben认为跨文化能力包括态度、角色、移情、互动、尊重等，并详细阐述了以上构成要素在跨文化交际中有效并且恰当进行交流的重要性（Ruben，1972）。在促进跨文化能力的重要性方面，Hammer等将跨文化交际有效性划分为三个维度，即设法解决心理压力、有效沟通以及建立关系。以上三位学者的早期研究为跨文化能力内涵和构成要素提供了初步的研究数据，并为跨文化能力概念的进一步发展提供了理论基础（Hammer，1978）。

在近三十年里，国外学者们提出了许多不同的跨文化能力术语和定义，如跨文化能力、跨文化意识和跨文化敏感性（Fantini，2006）。其中，跨文化能力（跨文化交际能力）已广泛应用于外语教学研究中（Byram，1997）。学者们指出了跨文化能力的一些关键性构成要素：知识、动机和行为、交际和语境、有效和得体。同时，他们还强调关系和环境的重要性（Lustig，1993），强调知识、技能和动机对于跨文化能力构成是至关重要的（Gudykunst，1993）。另外，欧洲跨文化能力多维模式的研究者们也对跨文化能力关键组成部分如态度和意识进行了深入探讨，认为学生跨文化能力的主要成分应包括跨文化知识、态度、技能等。由此可见，多数学者均认为知识、态度、技能和意识是跨文化能力的核心要素（Deardorff，2006）。

综上所述，国内外学者对跨文化能力内涵形成了较为相似或相同的观点和看法，即知识、技能、意识、态度等因素是跨文化能力构成的核心要素。此外，美国知名的跨文化学者 Deardorff 通过对九种跨文化能力的定义进行反复的调查发现，Byram（1997）对跨文化能力的定义受到跨文化专家的普遍认可，即跨文化能力不仅要求个体掌握本国文化知识，还要学习他国文化知识，理解他国文化中的事件并与自身文化相联系；对其他文化保持相对主义的态度，拥有批判性文化意识，基于获取的新文化知识，在特定文化情境下运用这些知识，进行有效的互动。随后，Deardorff 重新审视了跨文化能力的定义并指出"跨文化能力是在跨文化环境中进行有效且适当交际的能力，它基于特定的态度、跨文化知识、技能和反思"。她还强调跨文化交流中"有效性"和"适当性"的重要性（Deardorff，2006）。从国际生活实验联合会（the Federation of the Experiment in International Living，FEIL）的研究来看，跨文化能力被视为一种与来自不同文化和语言的人们进行有效且适切交际所需的各种能力的综合（Fantini，2006：12）。

基于 Byram，Fantini 与 Deardorff 对于跨文化能力的定义，对跨文化能力做出如下定义：人们通过在不同的跨文化环境中成功运用个人内部特性（如本国文化知识、外国文化知识、态度、跨文化交流技能、跨文化认知技能以及意识等），可以与来自不同语言和文化的人们进行有效且恰当的交际的能力（Fantini，2006；Byram，1997；Deardorff，2006）。

三 研究方法

1. 调查对象

本书对来自北京、上海、广州和武汉等城市的 10 所综合性大学的 1350 名一年级至四年级学生进行了问卷调查，以上样本涵盖管理、新闻、法律、中文、哲学、社会学、电子、自动化、计算机、生物、物理和通信等专业的学生，其中问卷比例代表学科比例，文科所占比例为 31%，理工科占 65.1%，其他学科占 3.9%。

2. 调查方法

（1）定量研究（问卷）

本书所使用的问卷量表主要基于吴卫平、樊葳葳和彭仁忠（2013）的中国大学生跨文化能力模型（本国文化知识、外国文化知识、态度、跨文化交际技能、跨文化认知技能、意识）（吴卫平，2013）。该模型是从非西方的视角以 Byram（1997）的跨文化能力（ICC）多维度模型（知识、技能、批判的文化意识、跨文化态度）、Fantini（2000，2006）所编制的跨文化能力自评问卷（A YOGA FORM）和联邦 EIL 研究项目跨文化能力自评问卷（AIC）为理论基础编制的量表，具有较高的效度和信度（吴卫平，2013）。问卷包括两个部分：第一部分为大学生个人信息，包括性别、年级、专业、英语四级、托福和雅思分数、出国经历及跨文化接触经历等；第二部分为跨文化能力自评量表，包括 6 个主要因子（本国文化知识、外国文化知识、态度、跨文化交际技能、跨文化认知技能、意识）（吴卫平，2013）及 28 个描述项，采用莱克特量表分级计分方法，从"1"到"5"依次计分，"1"代表"非常弱/些微"，"2"代表"较弱/一点"，"3"代表"一般/一些"，"4"代表"较强/较多"，"5"代表"非常强/非常多"。

（2）定性研究（访谈）

基于中国国情的跨文化能力六维度模型，本书设计了 10 道开放式问题作为访谈的内容。本书从 1350 个样本中随机抽取了 40 名学生作为访谈的对象，通过面对面和 QQ 在线视频访谈形式进行。单个样本接受访谈的时间平均近 1 小时。

3. 数据分析

本书共发出问卷 1500 份，回收的有效问卷为 1350 份，有效率为 90%。将所有有效问卷数据输入电脑并使用 SPSS19.0 对数据进行统计分析。问卷包括跨文化能力的六个维度（本国文化知识、外国文化知识、态度、跨文化交流技能、跨文化认知技能、意识），每个变量的内部统一性达到了统计要求。为了确保研究方法可靠和研究结果可信，本书结合问卷调查的定量数据和访谈等定性数据，较全面地分析和讨论了中国高校大学生跨文化能力整体及各维度的发展情况。

四　结果与讨论

中国大学生跨文化能力由本国文化知识、外国文化知识、态度、跨文化交流技能、跨文化认知技能和意识六个维度组成。本书通过数据统计结果对大学生跨文化能力整体发展情况及各维度能力的发展状况进行了分析和讨论。

1. 对大学生跨文化能力整体发展情况的调查与分析

表 3 - 1　　　　　　　　大学生跨文化能力整体发展状况

变量因子	样本人数	最小值	最大值	均值	标准差
本国文化知识	1350	1	5	3.52	0.81
外国文化知识	1350	1	5	2.27	0.77
态度	1350	1	5	3.94	1.01
跨文化交流技能	1350	1	5	1.51	0.60
跨文化认知技能	1350	1	5	2.67	0.97
意识	1350	1	5	3.40	1.06
跨文化能力	1350	1	4	2.65	0.57
有效的 N（列表状态）	1350				

从表 3 - 1 可以发现，中国大学生跨文化能力总体上处于较弱至一般水平之间。其主要原因是由于中国高校大学生参与跨文化交流或者国

际交流的机会不多，而且通过访谈发现他们在校园中与留学生交流的意愿不强，另外，大多数受访者还认为由于文化差异及语言水平的障碍导致他们无法自信地和外国人进行有效的交流。

同时，从表3-1可以看出，在六个能力维度中，大学生在本国文化知识、态度和意识等能力维度方面均处于较强水平，其中大学生在态度方面的能力最高。相比之下，大学生在外国文化知识、跨文化交流技能和跨文化认知技能等能力维度方面均处于较弱水平，其中大学生在跨文化交流技能方面的能力最低。出现以上结论的主要原因如下：一方面，大学生通过本国语言教科书及课外书籍了解和学习了大量的本国文化知识；另一方面，大多数学生从幼儿园开始接触和学习英语，对学习和了解英语国家语言和文化的意愿较强，同时，对中西文化差异及交际双方文化身份的差异性也有很强的意识。然而，由于在校大学生对外国文化知识了解不够且参与跨文化交流的机会不多导致他们跨文化交流技能和跨文化认知技能普遍偏低。

2. 对大学生跨文化能力各维度发展情况的调查与分析

（1）对大学生本国文化知识的调查与分析

表3-2　　　　　　　　大学生本国文化知识的发展状况

变量因子	样本人数	最小值	最大值	均值	标准差
ic1	1350	1	5	3.50	0.89
ic2	1350	1	5	3.51	0.87
ic3	1350	1	5	3.55	0.90
有效的 N	1350				

注：ic1 = 了解本国的历史知识；ic2 = 了解本国的社会规范知识；ic3 = 了解本国的价值观知识。

从表3-2可以看出，大学生普遍认为他们对本国文化知识了解较多，其中包括本国的历史及社会规范和价值观等知识。与他们面对面的访谈发现："本国历史方面的知识从小就了解得比较多，尤其像四大名著等书籍，还有一些有关历史方面的纪录片也看过一些，而且上过一些历史文化课程。关于我们自己国家的社会规范，大家都很自觉去遵守，比如孝顺、尊敬师长、尊老爱幼等。而且，我们这个社会更多的是集体主义的价值观念，我们考虑更多的是别人怎么看我，面子观念很强。平等互助、和谐共处、团结友爱等社会主义价值观念深入人心。"

通过对 40 名大学生的访谈发现，有 93% 的同学有类似或相同的想法。而且，大多数大学生还认为本国文化知识中关于价值观这方面是不会轻易改变的，不管是短期出国游学还是长期居住在国外。

从以上研究结果发现，大学生对本国文化知识了解较多主要是由于中国教育体制下各学校非常重视中国语言与文化的学习和继承，从而让大学生在本国文化知识方面奠定了扎实的基础。

（2）对大学生外国文化知识的调查与分析

表 3 - 3　　　　　　　大学生外国文化知识的发展状况

变量因子	样本人数	最小值	最大值	均值	标准差
ic4	1350	1	5	2.41	0.95
ic5	1350	1	5	2.28	0.89
ic6	1350	1	5	2.33	0.89
ic7	1350	1	4	2.2	0.89
ic8	1350	1	4	2.27	0.9
ic9	1350	1	4	2.15	0.92
ic10	1350	1	4	2.09	0.98
有效的 N	1350				

注：ic4 = 了解外国的历史知识；ic5 = 了解外国的社会规范知识；ic6 = 了解外国的价值观知识；ic7 = 了解外国的文化禁忌知识；ic8 = 了解外国人言语行为知识；ic9 = 了解跨文化交流与传播等概念的基本知识；ic10 = 了解一些成功进行跨文化交流的策略和技巧。

从表 3 - 3 可看出，相比本国文化知识而言，大学生对外国文化知识了解普遍不足，其中包括外国的历史、社会规范、价值观、文化禁忌、言语行为知识、跨文化交流与传播概念的基本知识和跨文化交流的策略和技巧等方面，尤其对跨文化交流的策略和技巧了解最少。

在访谈中，有一位大学生这样说道：

"我平常只是从书本上和外语课堂上了解一些外国文化知识，一般对一些文化禁忌、文化价值观等方面的知识了解较多，而像言语行为、跨文化交流策略和技巧等方面的知识了解不多。另外，我喜欢看英文电影和唱英文歌曲,我认为从英文电影中可以学到一些外国文化习俗方面的知识,尤其是人际关系和社会等级关系等方面。"

通过访谈发现,多数大学生对外国文化知识的了解欠缺。同时,他们还认为跨文化接触的途径较少,仅仅通过看英文电影来了解西方文化知识。除此以外,多数大学生均认为短期出国交流、参加境外国际会议和长期出国学习有助于他们了解更多的外国文化知识。由此,各高校还需更加重视开设培养大学生了解外国文化知识的课程及讲座。同时,加强与国外大学之间的互访交流,例如夏令营和短期交换生等项目。

（3）对大学生跨文化态度的调查与分析

表3-4　　　　　　　大学生跨文化态度的发展状况

变量因子	样本人数	最小值	最大值	均值	标准差
ic11	1350	1	5	3.83	1.15
ic12	1350	1	5	4.13	1.02
ic13	1350	1	5	4	1.1
有效的 N	1350				

注:ic11 = 愿意和来自不同文化的外国人进行交流和学习;ic12 = 愿意尊重外国人的生活方式和习俗;ic13 = 愿意学好外国语言和文化。

通过表3-4发现,大学生普遍认为他们的跨文化态度达到较强水平,其中包括愿意和来自不同文化的外国人进行交流和学习,愿意尊重外国人的生活方式和习俗,愿意学好外国语言和文化等。另外,从大学生访谈中发现类似表述,如:

"我看到老外很想上前和他们交流,但是担心自己语言表达出错,不敢与他们交流,而且我觉得外国人和我们的生活方式和习俗有差异很正常,我尊重他们的生活方式和习俗,并且我对此有好奇心并非常想了解他们的生活。英语学习虽然比较难,但是我还是很感兴趣,愿意学好,将来出国学习或者旅游可能会有用。"

从访谈结果我们发现,受访的大学生均认为他们与外国人交流的意愿较强,但是对自己的语言不够自信,同时,他们还认为尊重文化差异很重要,并且他们对外国文化很好奇,有机会会更深入地去了解。美国知名跨文化专家Deardorff在其跨文化能力框架中明确指出态度,即一些基本态度，如尊重、开放性、好奇心和发现等。开放性和好奇心意味着愿意冒险。在表达对他人的尊重时，重要的是要表现出别人受到你重视的程度。这些态度是跨文化能力知识和技能进一步发展的重要前提（Deardorff，2006）。

（4）对大学生跨文化交流技能的调查与分析

表 3 – 5　　　　　　　大学生跨文化交流技能的发展状况

变量因子	样本人数	最小值	最大值	均值	标准差
ic14	1350	1	4	2.67	1.08
ic15	1350	1	5	2.84	1.09
ic16	1350	1	4	2.62	1.08
ic17	1350	1	5	3.39	1.15
ic18	1350	1	5	3.36	1.17
ic19	1350	1	5	3.43	1.16
ic20	1350	1	5	3.31	1.18
ic21	1350	1	5	3.06	1.09
ic22	1350	1	5	3	1.1
有效的 N	1350				

注：ic14 = 出现跨文化交流误解时和对方协商的能力；ic15 = 出现语言交流障碍时借助身体语言或其他非语言方式进行交流的能力；ic16 = 使用外语和来自不同社会文化背景和领域的人进行成功交流的能力；ic17 = 在与外国人交流时礼貌对待他们的能力；ic18 = 在与外国人交流时尽量避免用不恰当的语言和行为冒犯他们的能力；ic19 = 在与外国人交流时尽量避免对他们产生偏见的能力；ic20 = 在与外国人交流时会避免提到他们有关隐私话题的能力；ic21 = 具有对跨文化差异敏感性的能力；ic22 = 看待其他国家发生的事件时会从对方文化和多角度看问题的能力。

从表 3 – 5 不难看出，多数大学生在跨文化交流误解时和对方协商、出现语言交流障碍时借助身体语言或其他非语言方式进行交流、使用外语和来自不同社会文化背景和领域的人进行成功交流等方面的能力普遍较弱，其中使用外语和来自不同社会文化背景和领域的人进行成功交流的能力最弱，相比之下，他们在与外国人交流时礼貌对待他们、在与外国人交流时尽量避免用不恰当的语言和行为冒犯他们、在与外国人交流时尽量避免对他们产生偏见、在与外国人交流时会避免提到他们有关隐私话题等方面的能力较强。同时,他们在跨文化差异敏感性和看待其他国家发生的事件时会从对方文化和多角度看问题等方面的能力一般。在访谈中,有一位大学生这样说道:

"我在与外国人交流时我觉得和他们可以聊得很开心,但是只是一些生活中不重要的话题,我觉得有的时候还可以用手势比画帮助交流。我通过学习了解到要如何避免冒犯他们,或者回避一些话题尽量不要涉及一些隐私的东西。但是我觉得有时候出现交流误解时我不知道如何去化解和交流,总觉得有很高一堵墙难以逾越,无法真正了解他们心里到底在想什么。"

通过访谈调查结果发现,多数大学生普遍觉得他们在跨文化差异敏感性能力、在跨文化交流误解时和对方协商能力、使用外语进行成功跨文化交流的能力以及从对方文化和多角度看问题的能力方面较弱。

从以上研究结论发现,大学生跨文化交流技能偏低的主要原因包括以下几个方面:首先,中西文化差异带来的障碍导致大学生跨文化交际失误较多;其次,大学生英语语言能力欠佳约束了他们交际时所要表达的内容及信息有效传递;再次,大学生跨文化接触和参与国际交流的机会较少让他们的跨文化交流技能缺乏有效锻炼;最后,在交际时由于大学生对文化差异的感知缺乏和文化身份的认知不足而导致其跨文化交流技能偏低。

(5) 对大学生跨文化认知技能的调查与分析

表 3 - 6　　　　　大学生跨文化认知技能的发展状况

变量因子	样本人数	最小值	最大值	均值	标准差
ic23	1350	1	5	2.67	1.08
ic24	1350	1	4	2.6	1.06
ic25	1350	1	5	2.71	1.09
有效的 N	1350				

注:ic23 = 具备通过与外国人的接触直接获取跨文化交际相关知识的能力;ic24 = 具备运用各种方法、技巧与策略帮助学习外国语言和文化的能力;ic25 = 出现跨文化冲突和误解时进行反思和学习并寻求妥善解决途径的能力。

从表 3 - 6 可以发现,大学生在跨文化认知技能方面的能力普遍偏低，其中包括具备通过与外国人的接触直接获取跨文化交际相关知识的能力、具备运用各种方法、技巧与策略帮助学习外国语言和文化的能力及出现跨文化冲突和误解时进行反思和学习并寻求妥善解决途径的能力等。在访谈中，有一位大学生提到：

"我觉得与外国人接触的机会很少，有的时候看到外国人想上前搭讪，但是最后还是因为不自信放弃了。另外，平常学习和了解一些跨文化交际方面的知识，然而在实际交流时，总觉得有一些偏差，因人而异。我们有时候觉得和外国人交流时容易出现误解，我们很少去反思，到底什么会让老外不高兴，因为我们经常百思不得其解。"

通过访谈，调查结果也充分证实了大学生在跨文化认知方面的能力普遍较弱。其主要原因是大学生在校园学习中缺少跨文化交流和认知的机会，并且各高校也没有为大学生创设跨文化交际的环境。美国著名学者 Fantini 曾指出跨文化交际行为是否得体与跨文化认知能力有关（Fantini，2006）。由此，各高校应为学生创造各类跨文化交际活动，如英语角、外国节日庆祝活动及跨文化讲座等。

（6）对大学生跨文化意识的调查与分析

表 3 - 7 　　　　　　　　　　大学生跨文化意识的发展状况

变量因子	样本人数	最小值	最大值	均值	标准差
ic26	1350	1	5	3. 37	1. 15
ic27	1350	1	5	3. 47	1. 1
ic28	1350	1	5	3. 4	1. 14
有效的 N	1350				

注：ic26 = 意识到与外国人交流时彼此存在文化相似性和差异性；ic27 = 意识到与外国人交流时文化身份的差异性；ic28 = 意识到要基于不同文化视角审视跨文化交流情景。

由表 3 - 7 可知，多数大学生认为他们的跨文化意识较强，其中包括在与外国人交流时，意识到彼此存在文化相似性和差异性；与外国人交流时，意识到文化身份的差异性；在审视不同的跨文化交流情景时，要从不同文化视角分析问题等方面的能力。从访谈中，有一位大学生这样回答：

"我在与外国人交流时总觉得他们听不懂我们说什么，而且有的时候，他们几个外国朋友一起聊天，聊到好笑的地方他们大笑，我总是找不到笑点笑不起来。这可能就是文化身份和意识的差异吧。另外，我和一些外国人交流时，总觉得自己很难融入他们的圈子中去，并且，他们说话和做事的方式我也不能理解和认同。"

通过访谈结果我们发现，大部分受访的大学生均认为与外国人交流时存在文化身份和意识的差异。美国著名学者 Fantini 构建了以意识为核心成分的知识、态度和技能跨文化能力模型。意识不同于知识，但是意识会随着知识、态度和技能的提高而得到加强，反过来，意识也促进知识、态度和技能的发展（吴卫平等，2013；樊葳葳等，2013）。

第三节　本章小结

本书调查结果表明，中国大学生跨文化能力总体上处于较弱至一般水平之间。在 6 个能力维度中，大学生在本国文化知识、态度和意识等能力维度方面均处于较强水平，其中大学生在态度方面的能力最高。相比之下，大学生在外国文化知识、跨文化交流技能和跨文化认知技能等能力维度方面均处于较弱水平，其中大学生在跨文化交流技能方面的能力最低。跨文化各能力维度发展的具体情况如下：首先，大学生在本国文化知识方面能力较强，对外国文化知识掌握不足；其次，大学生在态度方面的能力较强，如愿意和来自不同文化的外国人进行交流和学习，愿意尊重外国人的生活方式和习俗，愿意学好外国语言和文化等；再次，大学生在跨文化交流出现误解时与对方协商、出现语言交流障碍时借助身体语言或其他非语言方式进行交流、使用外语和来自不同社会文化背景和领域的人成功地进行交流等方面的能力均较弱，在跨文化认知技能方面的能力也普遍偏低；最后，大学生在跨文化意识方面能力较强。由此，当前各高校应该结合当前中国大学生跨文化能力发展的不足，开设相关的文化类课程或者推广相关的留学服务项目，帮助大学生有效地提高其跨文化能力。此外，高校外语教师也面临诸多问题和挑战，应提高教师在跨文化能力层面的相应业务素质，摒弃传统的教学模式，摸索出一套全新的、行之有效的外语教学模式。

第四章

影响中国大学生跨文化
能力的跨文化接触情况调查

第一节 跨文化接触研究背景与理论框架

随着全球化的加速发展以及 21 世纪日益频繁的国际交流与合作，尤其在习近平主席提出"一带一路"倡议构想背景下，中国大学生有着越来越多的机会与来自不同国家、不同文化背景的人进行跨文化接触和交流。但是，由于不同国家在历史传统、语言文字、社会制度和宗教信仰等方面存在巨大差异，他们在跨文化接触中不可避免地会遇到许多跨文化交流和沟通的问题和困难。为了使他们的跨文化交流能够达到有效而得体的效果，作为跨文化接触的主要群体，中国大学生需要具备较强的跨文化能力。近几十年来，国内外有关跨文化能力的研究不胜枚举。但是，有关跨文化接触方面的研究却相对较少，并且现有研究多将跨文化接触解释为与来自不同文化的人进行的面对面交流。但是，英国学者 Kormos 和 Csizer（2007）提出，跨文化接触不仅包含与目标语言的本族语者或非本族语者的直接接触和间接接触，还包含使用目标语言通过文化类产品进行接触（主要是通过不同类型的电子类或者印刷类媒介进行接触）。另外，国内著名跨文化研究学者胡文仲先生（1999：45）曾指出，与英语本族语者进行直接口语接触和交流，或者通过直接接触方式学习他们的文化，是提高跨文化能力的最佳途径之一。由此，本书对当前中国大学生跨文化接触情况进行广泛调查，从而为跨文化研究学者、高校教师和教育管理者们提供实证数据参考, 以便他们进一步探索有利于中国大学生跨文化能力发展的接触路径。

关于跨文化接触研究中一些有价值的成果最早可追溯到 20 世纪 50 年代, 比如群际接触在哪些条件下有助于减少群际偏见; 直接的群际接触被认为是减少偏见和群际冲突的 "捷径" 等。跨文化接触这一术语源于 Allport (1954) 提出的群际接触理论, 也被称为接触假说。此理论的基本内容是关于良好环境下的群际接触如何减少群际偏见。该接触假说在理论方面具有重要意义, 引起了学者们的极大关注 (Pettigrew, 1971: 13)。而且, 以往的一些研究已经对接触的条件、影响和结果以及许多群际接触过程中所涉及的因素进行了具体分析并积累了广泛的研究基础 (Williams, 1947; Allport, 1954; Pettigrew, 1986; Stephan, 1987; Dovidio et al., 2003; Kormos & Csizér, 2007; Halualani, 2008)。

尽管 Allport (1954) 的接触假说建立在社会心理学的基础上, 它同样广泛地应用于与这项研究紧密联系的语言学习领域。接触作为动机的一种基础成分, 最先出现于 Clément (1980) 的模型中。Clément 和 Kruidenier (1983) 检验了这一模型, 结果证明频繁而愉悦的接触经历可以增强语言学习者的自信, 并且反过来以积极的方式影响动机。同样, 其他较多的学者致力于研究外语学习中群际接触给态度和动机带来的影响, 例如 Dörnyei 和 Csizér (2005) 研究了群际接触和旅游对语言态度和语言学习动机带来的影响。Kormos 和 Csizér (2007) 在 Allport (1954) 提出的接触假说的基础上进行了一项关于群际接触在外语环境下对语言学习的影响研究, 以探索学生在匈牙利可能体验到的跨文化接触类型。在他们的研究中, 从处于外语环境中语言学习者的角度对跨文化接触进行了定义, "对大多数学生来说, 跨文化接触包含直接和间接地与讲目标语言的本族人或非本族人的接触, 同时也包含与目标语言下的文化产品 (电子和印刷媒体等) 的接触" (Kormos & Csizér, 2007: 244)。从他们的研究结果发现, 跨文化接触能够促进学生跨文化能力的发展, 增强他们语言学习动机以及减少语言使用焦虑。由此, 在跨文化能力发展视域下, 存在两种主要的跨文化接触: 一种是直接接触, 包括与以目标语为母语或者非母语的人进行语言互动（无论是口头或书面），即直接口语接触和直接书面语接触；另一种是间接接触，即间接人际接触和间接的文化产品类接触。同时，间接接触也涉及与目标语言中各种文化产品和媒介（电视、网络、书籍、电影、杂志和报纸）的接触（Clément & Kruidenier，1983；Kormos & Csizér，2007；Pettigrew，2000；Campbell，2003；Liaw，2003，2006；Luis，2012；Kormos et al.，2014）。

第二节　对中国大学生跨文化能力的跨文化接触的实证调查

1. 研究设计

（1）研究样本

本书对来自北京、上海、广州和武汉等城市的十所综合性大学的1350名一年级至四年级学生进行了问卷调查，以上样本涵盖管理、新闻、法律、中文、哲学、社会学、电子、自动化、计算机、生物、物理和通信等专业的学生，其中问卷比例代表学科比例，文科所占31%，理工科占65.1%，其他学科占3.9%；问卷调查样本中有跨文化接触经历的学生1293人，所占比例为95.8%，海外经历学生221人，占16.4%。同时，从以上样本中随机选取了40名大学生作为访谈对象，所选样本中有跨文化接触经历的学生40人，所占比例为100%，海外经历学生9人，占22.5%。

（2）研究工具

问卷

本书以 Kormos 和 Csizér（2007）的跨文化接触理论范式为理论基础，结合中国大学生跨文化接触的实际情况构建了一套包含4个维度、52个描述项的中国大学生跨文化接触量表；为了检验量表的内在一致性，问卷的 Cronbach 系数为0.937，表明该问卷编制具有良好的信度。问卷内容包括两个部分：第一部分为大学生个人信息，包括性别、年级、专业、托福雅思成绩、出国经历及跨文化接触经历，等等；第二部分为跨文化接触量表，涵盖4个主要维度（直接口语接触、直接书面语接触、间接人际接触和间接文化产品类接触）和52个描述项（直接接触35项和间接接触17项），采用莱克特量表分级计分方法，由于样本可能存在从未接触的情况，故采用六分制分级，"0"代表"没有"，"1"代表"偶尔"，"2"代表"较少"，"3"代表"一般"，"4"代表"较多"，"5"代表"非常多"。

访谈

访谈具体内容如下：首先，课题组成员询问访谈者的基本信息，包括年级、专业等。随后，询问访谈者的直接与间接跨文化接触经历，譬如：①你与外国人有过什么类型的直接接触经历？请列举，如出国或者在国内通过电子邮件、QQ和SKYPE等社交工具与外国人进行口语或者打字聊天沟通；②你对外国文化有过什么类型的间接接触经历？请列举，如观看英语电视节目、电影、阅读英文报纸杂志、阅读英文文学书籍，研修英语文化类课程等；③你的直接接触经历对你的跨文化能力是否有影响？④你的间接接触经历对你的跨文化能力是否有影响？在访谈过程中，课题组成员根据访谈者的回答进行问题的深度挖掘从而了解更多的相关信息。

（3）数据收集与分析

本书课题组成员通过学生课堂面对面和快递邮寄两种方式共发放中国大学生跨文化接触问卷1500份，共回收实际有效问卷1350份，有效率为90%。将收回的1350名学生的问卷数据输入电脑并使用SPSS19.0对问卷调查数据进行描述性统计分析。该描述性统计分析主要包括样本人数（代表剔除"0"后的样本人数）、占总人数比例（即有接触经历的人数与样本总人数之比）、平均值（有接触经历的样本接触情况平均值）和标准差（有接触经历的样本接触情况的离散度）。同时，本书课题组成员对抽取的40名受访者进行了深度访谈，其中有32名受访者是通过一对一面对面访谈；另外8名受访者是通过QQ视频或语音一对一在线访谈。在访谈开始前，受访者被告知所有的对话均被保密。录音在受访者的许可下进行。为更好地与受访者进行沟通，访谈的语言采用汉语。所有访谈内容被转写成文字并进行了描述性分析。

2. 结果分析

（1）直接接触

表 4 - 1　　　中国大学生直接口语接触的描述性统计分析

直接口语接触描述项	样本人数	占总人数比例（%）	平均值	标准差
到国外通过参加国外带薪实习了解英语国家人们的文化	66	4.89	1.85	1.04
到国外通过参加国际学术会议了解英语国家人们的文化	77	5.70	1.77	0.96
到国外通过参加国外大学交换生了解英语国家人们的文化	88	6.52	1.88	1.06
到国外通过参加暑期国际夏令营了解英语国家人们的文化	100	7.41	1.94	1.03
到国外通过参加寒假国际冬令营了解英语国家人们的文化	68	5.04	1.75	1.03
到国外通过参加国际志愿者活动了解英语国家人们的文化	71	5.26	1.79	1.01
到国外通过国外旅行了解英语国家人们的文化	253	18.74	2.46	1.30
在国内通过 QQ 与英语本族语的人用英语进行语音交流	183	13.56	1.65	0.84
在国内通过 QQ 与英语本族语的人用英语进行视频交流	104	7.70	1.78	1.01
在国内通过微信与英语本族语的人用英语进行语音交流	204	15.11	1.79	1.05
在国内通过微信与英语本族语的人用英语进行视频交流	103	7.63	1.94	1.03
在国内通过 SKYPE 与英语本族语的人用英语进行语音交流	89	6.59	1.91	1.02
在国内通过 SKYPE 与英语本族语的人用英语进行视频交流	102	7.56	1.69	0.93
在国内通过参加外国节日庆祝活动了解英语国家人们的文化	698	51.70	2.04	1.09
在国内通过参加外国文化交流日活动了解英语国家人们的文化	544	40.30	1.72	0.94
在国内通过参加国际留学会展活动了解英语国家人们的文化	375	27.78	1.68	0.86
在国内通过参加学校英语角活动（外国人）了解英语国家人们的文化	440	32.59	1.56	0.86
在国内通过参加同声翻译实践活动了解英语国家人们的文化	182	13.48	1.57	0.88

续表

直接口语接触描述项	样本人数	占总人数比例（%）	平均值	标准差
在国内通过参加文化类讲座（外国人）了解英语国家人们的文化	523	38.74	1.77	0.99
在国内通过参加培训机构的外教英语培训课程了解英语国家人们的文化	453	33.56	1.90	1.07
在国内通过参加国际志愿者活动了解英语国家人们的文化	255	18.89	1.69	0.94
在国内通过参加国际学术会议了解英语国家人们的文化	216	16.00	1.80	0.10
在国内通过学校里的外教了解英语国家人们的文化	605	44.81	2.48	1.27
在国内通过与留学生一起参加体育活动（如足球赛等）了解英语国家人们的文化	254	18.81	1.78	1.02
在国内通过参加外资或者合资企业的实习与英语本族语的人用英语进行交流	116	8.59	1.66	0.10

从表4-1可以看出，25项直接口语接触普遍比例较低。其中"在国内通过参加外国节日庆祝活动了解英语国家人们的文化（51.70%）"占总样本人数比例最高，"在国内通过参加外国文化交流日活动了解英语国家人们的文化（40.30%）""在国内通过学校里的外教了解英语国家人们的文化（44.81%）""在国内通过参加文化类讲座（外国人）了解英语国家人们的文化（38.74%）""在国内通过参加培训机构的外教英语培训课程了解英语国家人们的文化（33.56%）"和"在国内通过参加学校英语角活动（外国人）了解英语国家人们的文化（32.59%）"占总样本人数比例相对较高。相比之下，其他19项直接口语接触路径所占总样本人数比例均低于30%，而且，"到国外通过参加国外带薪实习了解英语国家人们的文化"占总样本人数比例最低（4.89%）。同时，所有直接口语接触的频率普遍不高，大多数接触频率在"偶尔"和"一般"之间变化，其中大学生通过"在国内通过学校里的外教了解英语国家人们的文化"和"到国外通过国外旅行了解英语国家人们的文化"等路径接触频率相对较高。结果表明，当前中国大学生直接口语接触情况一般或较少并且接触频率也不高。

表4-2　　　　　中国大学生直接书面语接触的描述性统计分析

直接书面语接触描述项	样本人数	占总人数比例（%）	平均值	标准差
在国内通过 QQ 与英语本族语的人用英语进行打字交流	381	28.22	1.69	0.95
在国内通过 MSN 与英语本族语的人用英语进行打字交流	99	7.33	1.79	0.94
在国内通过微信与英语本族语的人用英语进行打字交流	371	27.48	1.97	1.11
在国内通过微博与英语本族语的人用英语进行打字交流	188	13.93	1.77	0.98
在国内通过 FACEBOOK 与英语本族语的人用英语进行打字交流	129	9.56	1.93	1.15
在国内通过 TWITTER 与英语本族语的人用英语进行打字交流	114	8.44	1.99	1.17
在国内通过 LINKEDIN 与英语本族语的人用英语进行打字交流	56	4.15	1.75	0.96
在国内通过 SKYPE 与英语本族语的人用英语进行打字交流	106	7.85	1.88	1.14
在国内通过书信等方式与英语本族语的人用英语进行文字书面交流	385	28.52	1.77	0.99
在国内通过电邮等方式与英语本族语的人用英语进行文字书面交流	212	15.70	1.59	0.91

从表4-2可以看出，10项直接书面语接触普遍比例偏低，普遍低于30%，其中"在国内通过书信等方式与英语本族语的人用英语进行文字书面交流（28.52%）""在国内通过QQ与英语本族语的人用英语进行打字交流（28.22%）"和"在国内通过微信与英语本族语的人用英语进行打字交流（27.48%）"占总样本人数比例相对较高，然而"在国内通过LINKEDIN与英语本族语的人用英语进行打字交流（4.15%）"占总样本人数比例最低。同时，所有直接书面语接触的频率也普遍偏低，大多数接触频率在"偶尔"和"较少"之间变化。结果表明，当前中国大学生直接书面语接触经历很少并且接触频率也偏低。

另外，通过访谈结果发现：①直接口语接触，有出国经历9名，占访谈样本比例为22.5%，在国内与外国人面对面直接接触31名，占77.5%；②直接书面语接触，使用聊天工具（SKYPE, MSN, FACE-

BOOK，LINKEDIN，WECHAT）和外国人进行打字聊天 25 名，占
62.5%，使用微博和电子邮件与外国人打字聊天 12 名，占 30%，没有
直接书面语接触 3 名，占 7.5%。另外，关于直接接触对其跨文化能力
的影响作用，37 名学生认为直接接触（直接口语接触和直接书面语接
触）有利于促进其跨文化能力，占 92.5%；1 名回答不确定，占
2.5%；2 名回答无影响，占 5%。

（2）间接接触

表 4 – 3　　　　中国大学生间接人际接触的描述性统计分析

间接人际接触描述项	样本人数	占总人数比例（%）	平均值	标准差
在国内通过家人和亲戚了解英语国家人们的文化	695	51.48	2.03	1.13
在国内通过朋友了解英语国家人们的文化	1039	76.96	2.28	1.17
在国内通过参加模拟联合国了解英语国家人们的文化	332	24.59	1.99	1.19
在国内通过参加英语社团/协会（如莎士比亚戏剧社、英语辩论队等）了解英语国家人们的文化	296	21.93	1.78	1.05
在国内通过参加学校英语角活动（中国人）了解英语国家人们的文化	462	34.22	1.80	1.02
在国内通过和老师的课外交流了解英语国家人们的文化	1046	77.48	2.35	1.19
在国内通过参加文化类讲座（中国人）了解英语国家人们的文化	752	55.70	2.15	1.21
在国内通过上外国文化类课程了解英语国家人们的文化	776	57.48	2.47	1.26
在国内通过上大学英语课程了解英语国家人们的文化	1152	85.33	3.10	1.29

从表 4 – 3 可以看出，9 项间接人际接触中除了 3 项比例较低外，其
他 6 项占总样本人数比例均较高。其中"在国内通过上大学英语课程了
解英语国家人们的文化（85.33%）"占总样本人数比例最高，相比之
下，"在国内通过参加英语社团/协会（如莎士比亚戏剧社、英语辩论
队等）了解英语国家人们的文化（21.93%）"占总样本人数比例最低。
同时，所有间接人际接触的频率均值在"偶尔"到"较多"范围内变

化，在这 9 种间接人际接触中，大学生接触频率最多的是"在国内通过上大学英语课程了解英语国家人们的文化（3.102）"，然而，大学生接触频率最少的是"在国内通过参加英语社团/协会（如莎士比亚戏剧社、英语辩论队等）了解英语国家人们的文化（1.78）"。

表4-4　　　中国大学生间接文化产品类接触的描述性统计分析

间接文化产品类接触描述项	样本人数	占总人数比例（%）	平均值	标准差
在国内通过观看电视节目了解英语国家人们的文化	1200	88.89	2.92	1.29
在国内通过在线网络课程了解英语国家人们的文化	953	70.59	2.48	1.26
在国内通过阅读纸质书籍了解英语国家人们的文化	1114	82.52	2.55	1.26
在国内通过阅读电子书籍了解英语国家人们的文化	1001	74.15	2.44	1.25
在国内通过阅读纸质报纸杂志了解英语国家人们的文化	1019	75.48	2.24	1.23
在国内通过阅读电子报纸杂志了解英语国家人们的文化	929	68.81	2.32	1.29
在国内通过观看英文电影了解英语国家人们的文化	1237	91.63	3.41	1.32
在国内通过听英文歌曲了解英语国家人们的文化	1216	90.07	3.33	1.31

从表4-4可以看出，8项间接文化产品类接触普遍比例较高，其中"在国内通过观看英文电影了解英语国家人们的文化（91.63%）"占总样本人数比例最高，"在国内通过听英文歌曲了解英语国家人们的文化（90.07%）"占总样本人数比例位居其次，"在国内通过观看电视节目了解英语国家人们的文化（88.89%）"占总样本人数比例位居第三。同时，所有间接人际接触的频率均值在"较少"到"较多"范围内变化，在这 8 种间接的文化产品类接触经历中，大学生接触频率比较多的是"在国内通过观看英文电影了解英语国家人们的文化（3.413）"和"在国内通过听英文歌曲了解英语国家人们的文化（3.326）"，相比之下，其他文化产品类接触频率较少或者一般。

另外，通过访谈结果发现：①间接的人际接触：25 名学生反映有通过家人（有出国经历）了解外国文化（62.5%），33 名学生反映有通过朋友（有出国经历）了解外国文化（82.5%），40 名学生反映有通过老师（有出国经历）了解外国文化（100%）；②间接的文化产品类接触：37 名学生反映通过观看英语类电视节目了解外国文化（92.5%），40 名学生反映通过浏览互联网（查英文资料，在线课程等）了解外国文化（100%），35 名学生反映通过读电子和纸质英文书籍了解外国文化（87.5%），40 名学生反映通过观看英文电影和听英文歌曲了解外国文化（100%），36 名学生反映通过阅读电子和纸质报纸杂志了解外国文化（90%）。同时，关于大学生间接接触对其跨文化能力的影响作用：37 名学生认为间接接触（间接人际接触和间接的文化产品类接触）有利于促进其跨文化能力（92.5%），1 名学生不确定间接接触对其跨文化能力是否有影响（2.5%），剩余 2 名学生认为间接接触（间接人际接触和间接的文化产品类接触）对其跨文化能力无影响（5%）。

3. 综合讨论

从本书调查结果与分析看出，中国大学生目前最主要的跨文化接触方式为间接接触，其中以间接文化产品类接触和间接人际接触最为频繁。在间接文化产品类接触中，最频繁的三种接触方式分别是：通过观看英文电影、听英文歌曲和观看英语类电视节目等接触方式了解外国文化。而在间接人际接触中，最频繁的三种接触方式分别是：在国内通过选修大学英语课程、通过与朋友和老师之间的交流等接触方式了解外国文化。同时，通过对间接接触的访谈看出，大多数受访者认为在国内通过观看英文电影、听英文歌曲和观看英语类电视节目、通过读电子和纸质英文书籍和报纸杂志、通过浏览互联网（查英文资料，在线课程等）、通过和家人、朋友和老师之间的交流等接触方式有助于了解外国文化。同时，他们还认为间接接触（间接人际接触和间接的文化产品类接触）有利于促进其跨文化能力。这与国内著名跨文化研究学者胡文仲（2013）的研究结论相一致，他提到当前中国大学生的主要跨文化能力培养方式是通过课堂上课以及阅读相关英文材料，以及音像、磁带、在线教育等途径展开（胡文仲，2013：5）。而且，国内还有一些其他学者有关间接接触的相关研究，其中间接文化产品类研究：通过调查中国的一些英语类电视节目指出观看英语类电视节目有利于引进外国文化和加强文化交流，从而促进学生跨文化能力的发展（刘圣洁、范杏丽，2005）；通过英文原版电影的欣赏能提高大学生对英语语言知识和文化的兴趣以及对外国文化的理解能力并能促进大学生跨文化能力的发展（李彦，2009；莫海文，2008；张莉，2010；黄园园，2012）。间接人际接触研究：通过大学英语课堂教学中师生之间的交流有效培养、提高大学生跨文化意识、跨文化交际技能以及跨文化认知的能力（李华、徐敏，2012；陈莉，2012；张培2014）。另外，一些国外的学者也探讨了文化产品类间接接触对大学生的本国文化知识和外国文化知识的显著影响作用。譬如，Liaw（2006）指出网络阅读环境的构建以及网络论坛的使用能通过增强学生对不同国家文化知识的了解来促进他们的跨文化能力。Gómez 和 Fernando（2012）通过在一所大学的高级英语课堂上开展一项语言项目证实阅读正规的文学作品有利于促进学生的跨文化能力，其结果显示阅读正规的文学作品不仅能为学生们创造交际阅读练习的机会，还能通过互动为学生们提供构建文化知识的机会。

相比之下，目前中国大学生跨文化直接口语接触和书面语接触均不是他们主要的跨文化接触方式，但是，在直接口语接触中，最频繁的三种接触方式分别是：在国内和学校里的外教交流、参加外国文化交流日以及参加外国节日庆祝活动。而在直接书面语接触中，最频繁的三种接触方式分别是：在国内通过书信、QQ 和微信等方式与英语本族语的人用英语进行文字书面交流。同时，通过对直接接触的访谈看出，大多数受访者认为通过在国内与外国人面对面直接接触和使用聊天工具（SKYPE，MSN，FACEBOOK，LINKEDIN，WECHAT）和外国人进行打字聊天等接触方式占据主导。而且，他们还认为直接接触（直接口语接触和直接书面语接触）有利于促进其跨文化能力的提高。

然而，随着网络时代的技术进步与发展，通过在线网络和某些社交媒体等接触方式进行的跨文化交流和学习在大学生跨文化能力和外语能力的发展中起着重要作用（彭仁忠、吴卫平，2016：78）。而且，一种全新的跨文化接触和学习模式，即在线网络学习逐渐成为大学生的一种主要学习模式，有助于大学生学习外语和了解外国文化（刘邦祥等，2006；韩海燕，2011；刘婷，2015；薛宇飞等，2015）。这种网络接触模式受广泛欢迎主要是因为该模式易于获得，且不受时间和空间的限制。从一些国内外学者类似的研究中可以佐证在线网络学习模式有助于大学生跨文化能力的发展。例如，丁璇（2006）通过问卷对受试者使用 SKYPE 聊天工具前后的跨文化交际能力进行对比分析发现，SKYPE 聊天工具有助于提高大学生跨文化交际能力；O'Dowd（2003，2007）研究发现在线网络的使用（电子邮件，网络论坛，阅读不同国家文化知识以及和外国人进行在线互动）有助于学生跨文化能力的提升，具体表现在增加他们对本国文化知识和外国文化知识的理解，对跨文化交际过程的理解，以及提升他们了解外国人生活风格的兴趣和面对不同文化事件时从多视角看问题的能力。Campbell（2003）研究发现微博在外语教学中的使用有利于帮助学生们增强阅读和写作技巧以及不同的文化知识。Elola 和 Oskoz（2008）使用 Byram（2000）的评估工具来分析出国留学的学生和国内学习的学生通过使用微博进行互动的经历对其跨文化能力的影响，结果显示微博互动能促进学生们的跨文化能力发展。另外，Liaw（1998，2003）研究发现通过电子邮件与来自不同文化背景的人进行互动有利于促进跨文化交际能力的发展。

第三节 本章小结

本章对中国大学生跨文化接触现状的调查与分析以及深入挖掘探讨影响其跨文化能力发展的主要跨文化接触方式，为研究中国大学生跨文化能力发展的接触路径提供了一个全新视角，而且，为跨文化研究学者、高校教师和教育管理者们提供了有关跨文化接触的实证数据支撑，以便他们进一步探索有利于中国大学生跨文化能力发展的接触路径。

第五章

中国大学生跨文化接触
与跨文化能力相关性研究

第一节　跨文化接触与跨文化能力相关理论研究

学者们对跨文化接触理论的研究最早始于第二次世界大战后，目的是探寻减少群际偏见的有效解决方案（Williams，1947）。Allport（1954）第一次系统地提出了群际接触理论，也被称为接触假说。这个理论的基本内容是在良好环境下的群际接触可以减少群际偏见。Allport（1954）认为除了影响群际接触效果的各种因素外，群际接触只发生在四类良好的环境下，分别是"情境中同等的群体地位；共同目标；群际合作；当局，法律，以及习俗的支持"（Allport，1954：537）。该接触假说具有重要理论意义，引起了学者们的极大关注（Pettigrew，1971）。然而，一些研究群际接触的学者（Connolly，2000；Dovidio，2003；Jackman & Crane，1986）认为，在真实且没有种族隔离的环境下，跨文化接触是不可预测的，其中存在多种相互矛盾的变量，这些变量取决于相关文化群体的历史和经验以及周围的社会政治环境。由于对那些鲜有出现的理想化跨文化接触进行了大量研究，人们已经很大程度上忽视了个体和文化群体在复杂现实生活中的跨文化接触经历（Connolly，2000；Dixon et al.，2005；Pettigrew & Troop，2000）。与以往跨文化接触研究有所不同，Halualani（2008）探讨了美国多元文化大学中不同文化背景的学生对于跨文化交际的定义、理解和感受。该研究发现，多元文化大学的学生对跨文化交际有着复杂和多层次的解读，这在某种程度上形成于周围多样性的意识形态，以及他们对国家、民族和交际双方种族划分的认知。Patricia Todd 和 Drew Nesdale 的研究指出，在良好的接触条件下，仅仅凭单一的接触不足以促进接触情境外群体积极的跨文化态度。研究结果还表明跨文化接触的有效性取决于个人的跨文化知识和开放性提升的程度。Pettigrew 和 Thomas（2007）强调，跨文化接触基于对双方不同文化差异的了解能促进偏见的减少。Kormos 和 Csizér（2007）在 Allport（1954）提出的接触假说的基础上进行了一项关于群际接触在外语环境下对语言学习的影响研究，以探索学生在匈牙利可能体验到的跨文化接触类型。在他们的研究中，从处于外语环境中语言学习者的角度对跨文化接触进行了定义，"对大多数学生来说，跨文化接触包含直接和间接地与讲目标语言的本族人或非本族人的接触，同时也包含与目标语言下的文化产品（电子和印刷媒体等）的接触"（Kormos & Csizér 2007：244）。从他们的研究结果发现，跨文化接触能够促进学生跨文化能力的发展，增强他们语言学习动机以及减少语言使用焦虑。基于这样的定义，在外语环境中，需要区分两种主要的跨文化接触：一种是直接接触，可分为直接口语接触和直接书面语接触，直接口语接触包括与以目标语为母语或者非母语的人进行口头言语交流；直接书面语接触包括与外国人进行打字形式的网上聊天、电子邮件和书信往来等。另一种是间接接触，可分为间接人际接触和间接的文化产品类接触。间接人际接触包括在国内通过家人、亲戚、朋友和老师进行的间接接触；间接的文化产品类接触包括通过各种各样的媒体如电视、网络、书籍、电影、杂志、以及报纸（纸质或电子版）进行间接接触。基于以上相关理论分析，本书主要探讨和分析大学生跨文化接触与其跨文化能力的相关关系。

第二节　大学生跨文化接触与跨文化能力相关性分析

1. 研究设计

（1）研究问题

本书主要探讨以下四个研究问题：

①大学生直接口语接触与其跨文化能力是否存在显著正相关关系？

②大学生直接书面语接触与其跨文化能力是否存在显著正相关关系？

③大学生间接人际接触与其跨文化能力是否存在显著正相关关系？

④大学生间接文化产品类接触与其跨文化能力是否存在显著正相关关系？

（2）研究样本

本书对来自北京、上海、广州和武汉等城市的十所综合性大学的1350名一年级至四年级学生进行了问卷调查，以上样本涵盖管理、新闻、法律、中文、哲学、社会学、电子、自动化、计算机、生物、物理和通信等专业的学生，其中问卷比例代表学科比例，文科所占比例为31%，理工科占65.1%，其他学科占3.9%；问卷调查样本中有跨文化接触经历的学生1293人，所占比例为95.8%，海外经历学生221人，占16.4%。同时，从以上样本中随机选取了40名大学生作为访谈对象，所选样本中有跨文化接触经历的学生40人，所占比例为100%，海外经历学生9人，占22.5%。

（3）研究工具

问卷内容包括三个部分：第一部分为大学生个人信息，包括性别、年级、专业、托福雅思成绩、出国经历及跨文化接触经历等。

第二部分为跨文化接触量表，涵盖4个主要维度（直接口语接触、直接书面语接触、间接人际接触和间接文化产品类接触）和52个描述项（Kormos & Csizér，2007）。

其中直接口语接触，主要包括25个描述项：到国外通过参加国外带薪实习了解英语国家人们的文化；到国外通过参加国际学术会议了解英语国家人们的文化；到国外通过参加国外大学交换生了解英语国家人们的文化；到国外通过参加暑期国际夏令营了解英语国家人们的文化；到国外通过参加寒假国际冬令营了解英语国家人们的文化；到国外通过参加国际志愿者活动了解英语国家人们的文化；到国外通过国外旅行了解英语国家人们的文化；在国内通过QQ与英语本族语的人用英语进行语音交流；在国内通过QQ与英语本族语的人用英语进行视频交流；在国内通过微信与英语本族语的人用英语进行语音交流；在国内通过微信与英语本族语的人用英语进行视频交流；在国内通过 SKYPE 与英语本族语的人用英语进行语音交流；在国内通过 SKYPE 与英语本族语的人用英语进行视频交流；在国内通过参加外国节日庆祝活动了解英语国家人们的文化；在国内通过参加外国文化交流日活动了解英语国家人们的文化；在国内通过参加国际留学会展活动了解英语国家人们的文化；在国内通过参加学校英语角活动（外国人）了解英语国家人们的文化；在国内通过参加同声翻译实践活动了解英语国家人们的文化；在国内通过参加文化类讲座（外国人）了解英语国家人们的文化；在国内通过参加培训机构的外教英语培训课程了解英语国家人们的文化；在国内通过参加国际志愿者活动了解英语国家人们的文化；在国内通过参加国际学术会议了解英语国家人们的文化；在国内通过学校里的外教了解英语国家人们的文化；在国内通过与留学生一起参加体育活动（如足球赛等）了解英语国家人们的文化；在国内通过参加外资或者合资企业的实习与英语本族语的人用英语进行交流。

直接书面语接触，主要包括 10 个描述项：在国内通过 QQ 与英语本族语的人用英语进行打字交流；在国内通过 MSN 与英语本族语的人用英语进行打字交流；在国内通过微信与英语本族语的人用英语进行打字交流；在国内通过微博与英语本族语的人用英语进行打字交流；在国内通过 FACEBOOK 与英语本族语的人用英语进行打字交流；在国内通过 TWITTER 与英语本族语的人用英语进行打字交流；在国内通过 LINKEDIN 与英语本族语的人用英语进行打字交流；在国内通过 SKYPE 与英语本族语的人用英语进行打字交流；在国内通过书信等方式与英语本族语的人用英语进行文字书面交流；在国内通过电邮等方式与英语本族语的人用英语进行文字书面交流。

间接人际接触，主要包括 9 个描述项：在国内通过家人和亲戚了解英语国家人们的文化；在国内通过朋友了解英语国家人们的文化；在国内通过参加模拟联合国了解英语国家人们的文化；在国内通过参加英语社团/协会了解英语国家人们的文化；在国内通过参加学校英语角活动（中国人）了解英语国家人们的文化；在国内通过和老师的课外交流了解英语国家人们的文化；在国内通过参加文化类讲座（中国人）了解英语国家人们的文化；在国内通过上外国文化类课程了解英语国家人们的文化；在国内通过上大学英语课程了解英语国家人们的文化。

文化产品接触，主要包括 8 个描述项：在国内通过观看电视节目了解英语国家人们的文化；在国内通过在线网络课程了解英语国家人们的文化；在国内通过阅读纸质书籍了解英语国家人们的文化；在国内通过阅读电子书籍了解英语国家人们的文化；在国内通过阅读纸质报纸杂志了解英语国家人们的文化；在国内通过阅读电子报纸杂志了解英语国家人们的文化；在国内通过观看英文电影了解英语国家人们的文化；在国内通过听英文歌曲了解英语国家人们的文化。

采用莱克特量表分级计分方法，由于样本可能存在从未接触的情况，故采用六分制分级，"0"代表"没有"，"1"代表"偶尔"，"2"代表"较少"，"3"代表"一般"，"4"代表"较多"，"5"代表"非常多"。

第三部分为跨文化能力量表，包括 6 个主要维度（本国文化知识，外国文化知识，态度，跨文化交际技能，跨文化认知技能和意识）和 28 个描述项（吴卫平，樊葳葳，彭仁忠，2013）。其中本国文化知识，主要包括三个描述项：了解本国的历史知识；了解本国的社会规范知识；了解本国的价值观知识。外国文化知识，主要包括 7 个描述项：了解外国的历史知识，了解外国的社会规范知识，了解外国的价值观知识，了解外国的文化禁忌知识，了解外国人言语行为知识，了解跨文化交流与传播等概念的基本知识，了解一些成功进行跨文化交流的策略和技巧。态度，主要包括 3 个描述项：愿意和来自不同文化的外国人进行交流和学习，愿意尊重外国人的生活方式和习俗，愿意学好外国语言和文化。跨文化交流技能，主要包括 9 个描述项：出现跨文化交流误解时和对方协商的能力，出现语言交流障碍时借助身体语言或其他非语言方式进行交流的能力，使用外语和来自不同社会文化背景和领域的人进行成功交流的能力，在与外国人交流时礼貌对待他们的能力，在与外国人交流时尽量避免用不恰当的语言和行为冒犯他们的能力，在与外国人交流时尽量避免对他们产生偏见的能力，在与外国人交流时会避免提到他们有关隐私话题的能力，具有对跨文化差异敏感性的能力，看待其他国家发生的事件时会从对方文化和多角度看问题的能力。跨文化认知技能，主要包括 3 个描述项：具备在国内与外国人的接触获取跨文化交际相关知识的能力，具备运用各种方法、技巧与策略帮助学习外国语言和文化的能力，出现跨文化冲突和误解时进行反思和学习并寻求妥善解决途径的能力。意识，主要包括 3 个描述项：意识到与外国人交流时彼此存在文化相似性和差异性，意识到与外国人交流时文化身份的差异性，意识到要基于不同文化视角审视跨文化交流情景。

采用莱克特量表五分级计分方法，"1"代表"非常弱/些微"，"2"代表"较弱/较少"，"3"代表"一般/一些"，"4"代表"较强/较多"，"5"代表"非常强/非常多"。

（3）数据收集与分析

本书通过学生课堂面对面和快递邮寄两种方式共发放问卷 1500 份，共回收实际有效问卷 1350 份，有效率为 90%。将收回的 1350 名学生的问卷数据输入电脑并使用 SPSS19.0 对问卷调查数据进行皮尔逊相关性分析，结合数据结果探讨大学生跨文化接触与其跨文化能力的相关关系是否显著。

2. 结果与讨论

（1）直接口语接触与跨文化能力的相关性

表 5 -1 　　　　　　　　直接口语接触与跨文化能力的相关性

跨文化能力 直接口语接触类型	本国文化知识	外国文化知识	态度	跨文化交际技能	跨文化认知技能	意识
到国外通过参加国外带薪实习	0.01	0.10 **	0.05	0.33 **	0.06	0.01
到国外通过参加国际学术会议	0.03	0.13 **	0.04	0.32 **	0.10 **	0.05
到国外通过参加国外大学交换生	0.04	0.13 **	0.02	0.37 **	0.15 **	0.05
到国外通过参加暑期国际夏令营	0.06	0.15 **	0.01	0.38 **	0.15 **	0.08
到国外通过参加寒假国际冬令营	0.04	0.13 **	0.02	0.34 **	0.12 **	0.04
到国外通过参加国际志愿者活动	0.00	0.12 **	0.03	0.36 **	0.14 **	0.06
到国外通过国外旅行	0.05	0.25 **	0.12 **	0.39 **	0.25 **	0.17 **
在国内通过 QQ 与英语本族语的人用英语进行语音交流	0.09	0.16 **	0.04	0.44 **	0.14 **	0.01
在国内通过 QQ 与英语本族语的人用英语进行视频交流	0.05	0.11 **	0.03	0.36 **	0.10 **	0.03

续表

跨文化能力　　　　　　　直接口语接触类型	本国文化知识	外国文化知识	态度	跨文化交际技能	跨文化认知技能	意识
在国内通过微信与英语本族语的人用英语进行语音交流	0.09	0.21**	0.09	0.52**	0.19**	0.06
在国内通过微信与英语本族语的人用英语进行视频交流	0.06	0.16**	0.03	0.45**	0.15**	0.04
在国内通过 SKYPE 与英语本族语的人用英语进行语音交流	0.04	0.12**	0.01	0.41**	0.14**	0.04
在国内通过 SKYPE 与英语本族语的人用英语进行视频交流	0.04	0.13**	0.01	0.40**	0.13**	0.03
在国内通过参加外国节日庆祝活动	0.16	0.31**	0.19**	0.74**	0.27**	0.24**
在国内通过参加外国文化交流日活动	0.18	0.30**	0.20**	0.76**	0.26**	0.19**
在国内通过参加国际留学会展活动	0.13	0.25**	0.12**	0.70**	0.22**	0.10**
在国内通过参加学校英语角活动（外国人）	0.13	0.23**	0.11**	0.66**	0.19**	0.11**
在国内通过参加同声翻译实践活动	0.06	0.14**	0.02	0.47**	0.09	0.01
在国内通过参加文化类讲座（外国人）	0.17	0.29**	0.15**	0.66**	0.24**	0.17
在国内通过参加培训机构的外教英语培训课程	0.16	0.29**	0.14**	0.54**	0.26**	0.15
在国内通过参加国际志愿者活动	0.10	0.21**	0.08	0.55**	0.19**	0.10
在国内通过参加国际学术会议	0.09	0.21**	0.04	0.47**	0.18**	0.09
在国内通过学校里的外教交流	0.07	0.29**	0.23**	0.51**	0.27**	0.23**
在国内通过与留学生一起参加体育活动（如足球赛等）	0.09	0.17**	0.09	0.45**	0.17**	0.10
在国内通过参加外资或者合资企业的实习与英语本族语的人用英语进行交流	0.06	0.14**	0.03	0.42**	0.10**	0.06

注：** p < 0.01。

从表 5 - 1 可以看出，所有直接口语接触与大学生跨文化能力中"外国文化知识"和"跨文化交际技能"等均有显著正相关关系。而且，直接口语接触中除了"到国外通过参加国外带薪实习"和"在国内通过参加同声翻译实践活动"等接触方式外，其他直接接触方式与大学生"跨文化认知技能"均有显著正相关关系。然而，所有直接口语接触与大学生跨文化能力中"本国文化知识"均无显著相关关系。同时，除了"到国外通过国外旅行""在国内通过参加外国节日庆祝活动""在国内通过参加外国文化交流日活动""在国内通过参加国际留学会展活动""在国内通过参加学校英语角活动（外国人）""在国内通过参加文化类讲座（外国人）""在国内通过参加培训机构的外教英语培训课程""在国内通过学校里的外教交流"等接触方式外，其他直接口语接触方式与大学生跨文化"态度"均无显著相关关系。另外，除了"到国外通过国外旅行""在国内通过参加外国节日庆祝活动""在国内通过参加外国文化交流日活动""在国内通过参加国际留学会展活动""在国内通过参加学校英语角活动（外国人）""在国内通过学校里的外教交流"等接触方式外，其他直接口语接触方式与大学生跨文化"意识"均无显著相关关系。以上讨论与一些学者的研究结论基本一致。例如，祝永胜（2009）通过实证研究发现外教的语言教学能够明确地纠正目标语言文化习得并能提供持续的社会语言环境接触，促进学生跨文化能力的提高。何芸（2010）认为要充分利用外籍教师的潜能和优势来培养学生跨文化交际意识和能力。丁璇（2006）通过实证调查发现聊天工具 SKYPE 对大学生跨文化能力的影响比较明显，可以大幅度提高他们的跨文化能力。Kormos 和 Csizér（2007），Yashima（2010），Rivers（2011）和 Kormos，Csizér 和 Iwaniec（2014）等学者对跨文化接触的研究结果发现，国外跨文化经历如到国外通过参加国外带薪实习、参加国际学术会议、参加国外大学交换生、参加暑期国际夏令营、寒假国际冬令营、国际志愿者活动和国外旅行等可以促进学生跨文化能力的发展。同时，国外大学交换生经历也可以促进学生跨文化敏感度的提高（Jackson，2006；黄园园，2012）。

（2）直接书面语接触与跨文化能力的相关性

表5-2　　　　直接书面语接触与跨文化能力的相关性

跨文化能力 直接书面语接触类型	本国文化知识	外国文化知识	态度	跨文化交际技能	跨文化认知技能	意识
在国内通过 QQ 与英语本族语的人用英语进行打字交流	0.10	0.31**	0.09	0.42**	0.16**	0.07

续表

跨文化能力 / 直接书面语接触类型	本国文化知识	外国文化知识	态度	跨文化交际技能	跨文化认知技能	意识
在国内通过 MSN 与英语本族语的人用英语进行打字交流	0.04	0.16**	0.00	0.38**	0.09	0.01
在国内通过微信与英语本族语的人用英语进行打字交流	0.09	0.31**	0.06	0.51*	0.24**	0.13**
在国内通过微博与英语本族语的人用英语进行打字交流	0.07	0.18**	0.05	0.48**	0.17**	0.06
在国内通过 FACEBOOK 与英语本族语的人用英语进行打字交流	0.04	0.15**	0.07	0.37**	0.16**	0.05
在国内通过 TWITTER 与英语本族语的人用英语进行打字交流	0.05	0.15**	0.03	0.36**	0.14**	0.05
在国内通过 LINKEDIN 与英语本族语的人用英语进行打字交流	0.04	0.14**	0.02	0.33**	0.10**	0.02
在国内通过 SKYPE 与英语本族语的人用英语进行打字交流	0.03	0.20**	0.02	0.41**	0.14**	0.05
在国内通过书信等方式与英语本族语的人用英语进行文字书面交流	0.09	0.26**	0.09	0.73**	0.27**	0.14
在国内通过电邮等方式与英语本族语的人用英语进行文字书面交流	0.09	0.19**	0.08	0.61**	0.19**	0.08

注：* $p < 0.05$；** $p < 0.01$。

从表 5－2 可以看出，所有直接书面语接触与大学生跨文化能力维度中的外国文化知识和跨文化交际技能等均有显著正相关关系。同时，直接书面语接触中除了"在国内通过 MSN 与英语本族语的人用英语进行打字交流"等接触方式外，其他直接书面语接触方式与大学生跨文化认知技能均有显著正相关关系。但是，所有直接书面语接触与大学生跨文化能力维度中的本国文化知识和态度均无显著相关关系。另外，除了"在国内通过 QQ 与英语本族语的人用英语进行打字交流""在国内通过 MSN 与英语本族语的人用英语进行打字交流""在国内通过微信与英语本族语的人用英语进行打字交流"等接触方式外，其他直接书面语接触方式与大学生跨文化意识均无显著相关关系。其他一些学者研究也证实了直接书面语接触有助于提高大学生的跨文化能力。例如，Campbell（2003）证明了基于微博的网络互动对学生跨文化能力的发展有积极的影响。Liaw（2003）从英语学习视角研究发现，与来自不同文化背景的人进行以邮件为主要方式的在线交流有助于学生跨文化能力的发展。

（3）间接人际接触与跨文化能力的相关性

表 5-3　　　　　　　　间接人际接触与跨文化能力的相关性

跨文化能力 间接接触类型	本国文化知识	外国文化知识	态度	跨文化交际技能	跨文化认知技能	意识
通过家人和亲戚	0.208 **	0.321 **	0.175 **	0.372 **	0.257 **	0.224 **
通过朋友	0.239 **	0.281 **	0.261 **	0.464 **	0.319 **	0.303 **
通过参加模拟联合国活动	0.146 **	0.202 **	0.010	0.259 **	0.119 **	0.028
通过参加英语社团/协会活动	0.110 **	0.228 **	0.040	0.311 **	0.168 **	0.071
通过参加学校英语角活动	0.141 **	0.232 **	0.053	0.382 **	0.177 **	0.050
通过和老师的课外交流	0.258 **	0.296 **	0.220 **	0.368 **	0.277 **	0.320 **
参加文化类讲座（中国人）	0.199 **	0.286 **	0.115 **	0.335 **	0.239 **	0.158 **
通过上外国文化类课程	0.230 **	0.335 **	0.204 **	0.378 **	0.281 **	0.244 **
通过上大学英语课程	0.241 **	0.277 **	0.284 **	0.232 **	0.244 **	0.301 **

注：** $p < 0.01$。

从表 5-3 可以看出，间接人际接触中"通过与家人、亲戚、朋友和老师的交流"，"在国内参加外国文化讲座、外国文化类或大学英语课程（如教师主讲的文化讲座）"等接触方式与大学生跨文化能力（本国文化知识，外国文化知识，态度，跨文化交际技能，跨文化认知技能和意识）均有显著正相关关系。然而，"参加模拟联合国活动、英语社团/协会和英语角活动"等人际接触方式与大学生跨文化能力中态度和意识无显著正相关关系。根据以上讨论，大多数间接人际接触与大学生的跨文化能力存在显著正相关关系。这与一些学者的结论一致。例如，厉玲玲指出，学生参加英语角活动是提升他们跨文化能力的重要途径，可以丰富他们的外国文化知识，锻炼听说能力（厉玲玲，2012）。陶正探讨了英文电影欣赏社团的活动有助于学生通过观看英文电影真实地了解西方国家的传统文化、风土人情、价值观念、宗教信仰等（陶正，2014）。郭乃照分析了大学生跨文化能力的培养取决于大学英语教师的文化素养（郭乃照，2014）。李瑶认为开设文化类选修课有助于培养学生跨文化能力（李瑶，2010）。刘婷和罗春朋认为大学英语课堂教学中实施跨文化教学能有效提高大学生跨文化意识，增强其跨文化能力（刘婷、罗春朋，2015）。

（4）间接文化产品类接触与跨文化能力的相关性

表 5-4　　　　　间接文化产品类接触与跨文化能力的相关性

跨文化能力 间接接触类型	本国文化知识	外国文化知识	态度	跨文化交际技能	跨文化认知技能	意识
通过观看电视节目	0.208**	0.325**	0.309**	0.368**	0.296**	0.331**
通过在线网络课程	0.325**	0.340**	0.217**	0.323**	0.250**	0.220**
通过阅读纸质书籍	0.305**	0.376**	0.279**	0.371**	0.315**	0.343**
通过阅读电子书籍	0.272**	0.349**	0.234**	0.348**	0.284**	0.281**
通过阅读纸质报纸杂志	0.268**	0.394**	0.217**	0.378**	0.335**	0.292**
通过阅读电子报纸杂志	0.278**	0.374**	0.193**	0.364**	0.339**	0.272**
通过观看英文电影	0.260**	0.332**	0.354**	0.341**	0.298**	0.358**
通过听英文歌曲	0.254**	0.327**	0.366**	0.323**	0.291**	0.350**

注：** $p < 0.01$。

从表 5-4 可以看出，间接文化产品类接触（通过观看英语类电视节目，在线网络课程，阅读纸质和电子书籍，阅读纸质和电子报纸杂志，以及观看英文电影和听英文歌曲等）与大学生跨文化能力（本国文化知识，外国文化知识，态度，跨文化交际技能，跨文化认知技能和意识）有显著正相关关系。从以上数据分析与讨论发现，间接文化产品类接触与大学生的跨文化能力存在显著正相关关系。其他一些学者研究文化产品和社交媒体如电视节目、电影等类型的间接接触，并且发现通过文化产品类的间接接触有助于增强学生的跨文化能力。例如，刘圣洁和范杏丽通过调查国内不同类型的文化电视节目并分析其对跨文化能力的潜在影响，指出社交媒体（电视节目）尤其是在引进外国文化和加强文化交流方面起到重要作用。此外，他们认为观看电视节目是提高跨文化能力的有效途径，因为它是了解外国文化的一个很好的渠道（刘圣洁、范杏丽，2004）。张莉指出，欣赏英文原版电影通过增强学生对英语和文化的兴趣来提高他们对外国文化的了解，从而有助于大学生的跨文化能力发展（张莉，2010）。其他学者的研究也证明了观看电影对跨文化交际能力的发展有积极作用（李彦，2009；莫海文，2008）。Gómez 和 Fernando 在哥伦比亚 Bogotá 一所大学的高级英语课堂上开展了一个语言项目，研究阅读规范的文学作品是否有利于促进跨文化交际能力的发展，结果表明，阅读规范的文学作品是培养学生跨文化能力的有效途径，因为它不仅是一种交际阅读实践，也为学生们通过与不同的文化进行互动从而建构文化知识提供了一个机会（Gómez & Fernando，2012）。

第三节　本章小结

本章通过实证数据调查分析了大学生跨文化接触与其跨文化能力之间是否存在显著相关关系。通过皮尔逊相关分析结果发现，所有直接口语接触与大学生跨文化能力中"外国文化知识"和"跨文化交际技能"等均有显著正相关关系。同时，直接口语接触中除了"到国外通过参加国外带薪实习"和"在国内通过参加同声翻译实践活动"等接触方式外，其他直接接触方式与大学生跨文化认知技能均有显著正相关关系。然而，所有直接口语接触与大学生跨文化能力中"本国文化知识"均无显著相关关系。而且，大部分直接口语接触方式与大学生跨文化"态度"和"意识"均无显著相关关系。间接文化产品类接触与其跨文化能力有显著正相关关系，间接人际接触中大多数接触方式与其跨文化能力也存在显著正相关关系，但是间接人际接触中如参加模拟联合国活动、英语社团/协会和英语角活动等人际接触方式与其跨文化"态度"和"意识"无显著正相关关系。本书的结论为国内跨文化相关研究提供重要的理论基础，并为高等学校国际化人才培养计划制订提供一定参考。

第六章

中国大学生跨文化能力的
构成要素及路径分析

第一节　跨文化能力的构成要素

通过调研跨文化能力相关研究成果，学者们从各自的研究领域及从不同的视角对跨文化能力进行了深入分析。尽管在 20 世纪七八十年代国内外学者们对跨文化能力的定义存在分歧，但是 20 世纪 90 年代以来他们对跨文化能力内涵的认识渐趋一致（吴卫平，2013）。例如，Chen 和 Starosta（1996）认为跨文化能力是为了获得某种回应而能够在某些特定环境中完成有效的、得体的交际行为的能力。Spitzberg（2000）强调在跨文化交际中有效和得体两个要素的重要性。Wiseman（2003）提出跨文化能力除了具备在跨文化交流时所需要的知识、动机与技能等能力外，还需要具备与不同文化背景的人进行有效和得体的交流和互动。Deardorff（2004）认为，跨文化能力是基于自身的跨文化资源如跨文化知识、技能、意识和态度，在不同的跨文化语境中进行有效和得体的交流。由此可以看出，许多学者在研究跨文化能力的内涵中普遍认为存在两个重要的因素：有效和得体，跨文化情境。另外，对于跨文化能力的组成要素，学者们也从自己的研究领域出发，提出了各自不同的看法。例如，Byram（1997）认为培养学生的跨文化能力既要求学生掌握跨文化交流的知识、技巧、态度，也要求学生具备批判性的跨文化意识。Spitzberg（1997）认为跨文化能力由知识、动机、技巧三个因素构成，三者相辅相成。Campinha – Bacote（1998）提出了跨文化能力包括五个相互依存的部分，即意识、知识、技能、碰撞和愿望。Yong Yun Kim（2001）认为跨文化能力由认知、情感和行为等能力组成，它们之间彼此联系和影响。Samovar 和 Porter（2004）认为跨文化能力包括知识、动机和技能三个维度。Deardorff（2004，2006）认为跨文化能力包括从交际者自身的知识、态度、技能和理解到预期交际的内部效果和外部效果等。Spitzberg 和 Changnon（2009）在 Spitzberg 和 Cupach（1984）跨文化理论的基础上提出其跨文化知识、动机、技能、有效性和得体性模型等。综上所述，大多数国外跨文化学者普遍认为知识、态度、技能、意识四个维度在跨文化能力构成要素中极为重要和不可或缺（Behrnd，2011；Bennett，1998；Byram，1997；Chen & Starosta，1996；Deardorff，2004，2006；Fantini，2000，2006；Kim，2001；Samovar & Porter，2004；Spitzberg，1997；Spitzberg & Changnon，2009；Wiseman，2001）。

而且，来自美国的跨文化学者 Deardorff（2004）采用德尔菲专家调查法，对九种跨文化能力的定义进行反复的调查，其中 Byram（1997）的定义受到跨文化研究专家的广泛认可，即跨文化能力包括五个要素：知识（本国文化知识和他国文化知识），态度（好奇心、包容等），批判性文化意识，解释和联系的技能，认知和互动的技能；同时承认语言能力的重要作用。基于国内外知名跨文化专家的研究成果，本书对跨文化能力作了如下定义：通过成功运用个人的跨文化资源（包括知识、技能、意识和态度等，见图1），在各种跨文化情境下与来自不同语言文化背景的人进行有效而恰当的交流和互动的综合能力（Chen & Starosta，1996；Wiseman，2001；Byram，1997；Spitzberg，1997；Fantini，2000，2006；Kim，2001；Samovar & Porter，2004；Deardorff，2004，2006；Behrnd，2011）。同时，本书采用吴卫平、樊葳葳、彭仁忠（2013）的中国大学生跨文化能力模型，包括本国文化知识、外国文化知识、态度、跨文化交流技能、跨文化认知技能和意识六个要素，其中各要素的具体内涵如下：

（1）本国文化知识。本国文化知识是指对本国文化知识的理解能力，其中涉及了解本国的历史知识，了解本国价值观知识，了解本国的社会规范知识等（吴卫平，2013）。

（2）外国文化知识。外国文化知识是指对外国文化知识的理解能力，其中涉及各国的历史、地理、生活方式和价值观、社交礼仪、宗教礼仪及文化禁忌等方面的知识，如了解外国的历史知识，了解外国的价值观知识，了解外国的社会规范知识，了解外国的文化禁忌知识，了解外国人言语行为知识，了解文化和跨文化交流与传播等概念的基本知识，了解一些成功进行跨文化交流的策略和技巧等（吴卫平，2013）。

（3）态度。态度是指人们以开明的态度从不同的视角看待和理解本国文化和异国文化，对待不同文化的积极态度，有强烈的跨文化交流意愿和兴趣，尊重其他文化，有很强的耐心和容忍度，接受文化差异，克服民族中心主义、种族主义等交流障碍的能力，如愿意和来自不同文化的外国人进行交流和学习，愿意尊重外国人的生活方式和习俗，愿意学好外国语言和文化（吴卫平，2013）。

（4）跨文化交流技能。跨文化交流技能是指不同文化背景的人们相互进行交流时所具有的跨越不同文化之间的差异、保留与传播本国文化，尊重与接纳异国文化、对不同文化之间差异的敏感性，避免并澄清误解，使跨文化交流最终得以成功进行的能力，如出现跨文化交流误解时和对方协商、解释本国文化从而达到让双方满意的能力，出现语言交流障碍时借助身体语言或其他非语言方式进行交流的能力，使用外语和来自不同社会文化背景和领域的人进行成功交流的能力，在与外国人交流时礼貌对待他们的能力，在与外国人交流时尽量避免在语言、穿着和行为举止上冒犯他们的能力，在与外国人交流时尽量避免对外国人产生偏见和成见的能力，在与外国人交流时会避免提到外国人有关隐私话题的能力，具有对跨文化差异敏感性的能力，看待其他国家发生如政治、经济、宗教等方面的事件时会从不同文化和多角度看问题的能力等（吴卫平、樊葳葳、彭仁忠，2013）。

（5）跨文化认知技能。即主动地通过一些渠道，如直接接触或间接接触（书籍、媒介等），学习了解各种交际策略和技巧，同时思考不同文化之间的异同，从而帮助交际活动顺利进行。具体来说，就是通过与外国人的接触直接获取跨文化交际相关知识的能力，具备运用各种方法、技巧与策略帮助学习外国语言和文化的能力，出现跨文化冲突和误解时进行反思和学习并寻求妥善解决途径的能力。

（6）意识，即认识到不同文化间的差异。如在与外国人交流时，由于各自所生活的自然地理环境、自身文化素养和民族文化素养等存在差异，从而造成跨文化交流能力的差异性，意识到与外国人交流时彼此存在文化相似性和差异性，意识到与外国人交流时自身文化身份和对方文化身份的差异，意识到要基于不同文化视角审视跨文化交流情景等（吴卫平、樊葳葳、彭仁忠，2013）。

第二节　中国大学生跨文化能力发展的路径分析

一　研究设计

1. 研究问题

本书主要回答以下两个问题：

（1）中国大学生跨文化能力发展存在哪些主要路径？

（2）中国大学生跨文化能力各主要路径的重要程度如何？

2. 研究样本

本书的样本来自全国五所综合性大学的 600 名大学一年级至四年级学生。以上研究样本分别来自社会学、计算机、管理、哲学、法律、自动化、电子信息、生物、医学等专业的学生，其中样本比例代表学科比例，文科所占比例为 25%，理工科为 57%，其他学科为 18%。

3. 研究工具

本书采用了吴卫平、樊葳葳、彭仁忠（2013）的中国大学生跨文化能力（ICC）自评量表。问卷包括两个部分：第一部分为大学生个人信息，包括性别、年级、专业、雅思托福成绩、出国经历及跨文化接触经历等；第二部分为跨文化能力自评量表，包括 6 个主要因子（本国文化知识、外国文化知识、态度、跨文化交流技能、跨文化认知技能、意识）及 28 个描述项，采用莱克特量表分级计分方法，从"1"到"5"依次计分，"1"代表"非常弱/些微"，"2"代表"较弱/一点"，"3"

代表"一般/一些","4"代表"较强/较多","5"代表"非常强/非常多"。

4. 数据收集与分析

本书通过学生课堂、快递邮寄和电子邮件方式共发放问卷600份,共回收实际有效问卷531份,有效率为89%。将收回的531名学生的问卷数据输入电脑并使用SPSS19.0对数据进行统计分析。首先,对问卷量表进行信度分析,即用SPSS 19.0检验量表内在一致性(Cronbach α系数);其次,运用所收集的数据对问卷进行结构效度分析——因子分析,通过探索性因子分析(EFA)找出影响中国大学生跨文化能力的关键性因子个数,以及各因子与其观测变量之间的相关程度;随后采用AMOS 19.0进行验证性因子分析(CFA),对中国大学生跨文化能力的自评量表进行模型拟合度评价;最后,通过模型检验结果讨论分析中国大学生跨文化能力发展的主要路径及其重要性程度。

二 研究结果

1. 中国大学生跨文化能力的信度分析(检验量表内在一致性Cronbach α系数)

为了保证研究工具的可靠性和有效性,对改进后的ICC自评量表做了信度检验,即检验量表内在一致性Cronbach α系数值(见表6-1)。

表6-1　　　　　ICC自评量表六个因子的信度分析结果

因子	本国文化知识	外国文化知识	态度	跨文化交流技能	跨文化认知技能	意识	总量表
Cronbach α 系数	0.897	0.910	0.891	0.925	0.891	0.945	0.949
项目数	3	7	3	9	3	3	28

由表6-1可见,ICC自评量表中六个因子的Cronbach α系数介于0.891和0.945之间,整体量表的Cronbach α系数为0.949,而被大多数学者认为可接受的量表信度系数应达到0.7以上(Spicer, 2005),由此表明该量表的内在一致性好,运用该量表测量的结果可靠,具有较高的信度。

2. 中国大学生跨文化能力的效度分析

①探索性因子分析（EFA）

采用 SPSS 19.0 软件计算，KMO 值为 0.922 > 0.9，Barlett 的球形度检验结果显著（近似卡方值为 12598.350，自由度为 378，p 值为 0.000 < 0.01），表明所选样本大小达到要求，收集的数据适合做因子分析。通过主成分分析法和方差最大旋转法进行正交旋转，旋转在 16 次迭代后收敛，依据可解释度以及简约原则提取了六个因子。

从表 6 - 2 可以看出，累积方差贡献率为 75.353%，根据因子题项归属和可解释特点，提取了六个主要因子，即本国文化知识、外国文化知识、态度、跨文化交流技能、跨文化认知技能、意识，同时各因子描述题项与吴卫平等（2013）的中国大学生跨文化能力问卷设计题项一致，说明该问卷具有较高的效度，较全面地解释了量表中各主要因子的特征。

表 6 - 2　　　　　　ICC 自评量表探索性因子分析结果

描述项	KN1 因子载荷	KN2 因子载荷	AT 因子载荷	SK1 因子载荷	SK2 因子载荷	AW 因子载荷
ic1 了解本国的历史知识	0.809					
ic2 了解本国的社会规范知识	0.880					
ic3 了解本国的价值观知识	0.863					
ic4 了解外国的历史知识		0.783				
ic5 了解外国的社会规范知识		0.843				
ic6 了解外国的价值观知识		0.826				
ic7 了解外国的文化禁忌知识		0.816				
ic8 了解外国人言语行为知识		0.807				
ic9 了解跨文化交流与传播等概念的基本知识		0.644				
ic10 了解一些成功进行跨文化交流的策略和技巧		0.562				
ic11 愿意和来自不同文化的外国人进行交流和学习			0.854			
ic12 愿意尊重外国人的生活方式和习俗			0.839			

续表

描述项	KN1 因子载荷	KN2 因子载荷	AT 因子载荷	SK1 因子载荷	SK2 因子载荷	AW 因子载荷
ic13 愿意学好外国语言和文化			0.836			
ic14 出现跨文化交流误解时和对方协商的能力				0.710		
ic15 出现语言交流障碍时借助身体语言或其他非语言方式进行交流的能力				0.713		
ic16 使用外语和来自不同社会文化背景和领域的人进行成功交流的能力				0.659		
ic17 在与外国人交流时礼貌对待他们的能力				0.624		
ic18 在与外国人交流时尽量避免用不恰当的语言和行为冒犯他们的能力				0.648		
ic19 在与外国人交流时尽量避免对他们产生偏见的能力				0.696		
ic20 在与外国人交流时会避免提到他们有关隐私话题的能力				0.739		
ic21 具有对跨文化差异敏感性的能力				0.582		
ic22 看待其他国家发生的事件时会从对方文化和多角度看问题的能力				0.566		
ic23 具备通过与外国人的接触直接获取跨文化交际相关知识的能力					0.630	
ic24 具备运用各种方法、技巧与策略帮助学习外国语言和文化的能力					0.654	
ic25 出现跨文化冲突和误解时进行反思和学习并寻求妥善解决途径的能力					0.631	
ic26 意识到与外国人交流时彼此存在文化相似性和差异性						0.822
ic27 意识到与外国人交流时文化身份的差异性						0.829

续表

描述项	KN1 因子载荷	KN2 因子载荷	AT 因子载荷	SK1 因子载荷	SK2 因子载荷	AW 因子载荷
ic28 意识到要基于不同文化视角审视跨文化交流情景						0.809
	KN1	KN2	AT	SK1	SK2	AW
特征值	2.677	4.580	2.580	3.403	2.368	5.491
方差百分比	9.559	16.358	9.213	12.154	8.458	19.610

注：KN1 = 本国文化知识，KN2 = 外国文化知识，AT = 态度，SK1 = 跨文化交流技能，SK2 = 跨文化认知技能，AW = 意识。

②验证性因子分析（CFA）

采用 AMOS 19.0 进行验证性因子分析（CFA），对中国大学生跨文化能力量表进行模型拟合度分析。通过 CFA 假设模型验证得到模型拟合度指数结果（见表6-3），从表6-3 中列出的常用拟合度指数可见，χ^2 / df（卡方自由度比）、NFI（规准适配指数）、NNFI（非规准适配指数）、CFI（比较适配指数）、GFI（适配度指数）、AGFI（调整后适配度指数）、RMR（残差均方和平方根）、RMSEA（渐进残差均方和平方根）均在可接受范围之内，符合 SEM 整体模型适配度的评价标准（吴明隆，2010），表明中国大学生跨文化能力结构模型路径图（见图6-1）与其实际观测数据有良好的适配度。

表6-3　　　　ICC 自评量表拟合度指数的验证性因子分析结果

指标	χ^2 / df	NFI	NNFI	CFI	GFI	AGFI	RMR	RMSEA
参考值	1-3	>0.90	>0.90	>0.90	>0.90	>0.90	<0.08	<0.08
指标值	2.643	0.939	0.950	0.961	0.908	0.914	0.048	0.046

注：χ^2 /df 的 P = 0.000 < 0.001。

三　讨论与分析

1. 中国大学生跨文化能力的主要路径分类

本书采用探索性因子分析法（EFA）分析中国大学生跨文化能力量表所得数据提取了六个关键性因子，通过因子提取研究发现，中国大学

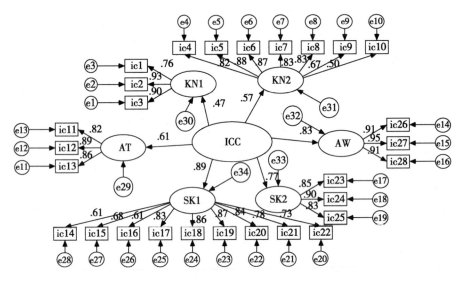

图 6-1 中国大学生跨文化能力结构模型路径图

生跨文化能力发展的主要路径包括以下六个方面：（1）本国文化知识；（2）外国文化知识；（3）态度；（4）跨文化交流技能；（5）跨文化认知技能；（6）意识。该结论与国外跨文化能力研究学者 Byram（1997）、Fantini（2001，2006）、Deardorff（2004，2006）和 Risager（2007）等学者提出跨文化能力主要包括知识、技能、态度和意识等方面的观点大致相吻合（吴卫平、樊葳葳、彭仁忠，2013）。以 Byram 和 Risager 为主要代表的跨文化能力欧盟多维度模式构建了五因素跨文化能力模型，即态度因素包括尊重（尊重其他的文化）、开放性、好奇心、乐观接受和包容等（Byram，1997；Deardorff，2004；Risager，2007）；知识因素包括本国文化知识和他国文化知识（如社会政治、宗教、历史和地理、社交礼仪、行为规范、生活习俗与价值观等）（Byram，1997）；技能因素被分成为两种，一是跨文化交流技能，即具有解释、理解、关联、观察、分析和评价文化差异或冲突并对其进行有效的协调和解决的能力；二是跨文化认知技能，即借助语言或非语言交流和互动学会新的文化知识、态度和意识的能力（Byram，1997；Deardorff，2004）；意识因素包括批判性文化意识、自我意识、社会语言学意识等（Byram，1997；

Fantini, 2001）。而且，Byram（1997）强调有关本国和他国文化知识因素与跨文化交流、认知技能在评价跨文化能力方面尤其重要（吴卫平、樊葳葳、彭仁忠，2013）。

2. 中国大学生跨文化能力各路径的重要性

中国大学生跨文化能力的六个主要路径中各因子重要性各有不同。通过以下列表中各因子与潜变量之间路径系数可以看出各描述项因子在各自路径中的相对重要性程度，而且，P 值若小于 0.001，则表示路径关系显著。从表 6 - 4 可以看出，在中国大学生跨文化能力发展的六个主要路径中，跨文化交流技能和跨文化意识两个路径重要性最高，跨文化认知技能重要性居其次，外国文化知识和态度重要性一般，相比之下，本国文化知识重要性最弱（见表 6 - 4）。

表 6 - 4　　　　　　　　路径关系与标准化路径系数

路径关系	路径系数	P 值
AT←ICC	0.599	***
SK1←ICC	0.883	***
SK2←ICC	0.781	***
AW←ICC	0.846	***
KN2←ICC	0.560	***
KN1←ICC	0.454	***

注：P = 0.000 < 0.001。

第一个路径"本国文化知识"有三个描述项，包括了解本国的历史知识，了解本国价值观知识，了解本国的社会规范知识。其中了解本国的历史知识与了解本国价值观知识最重要，了解本国的社会规范知识重要性一般（见表 6 - 5）。其重要性程度也能从其他学者的研究中得到有力的验证。例如 Baumann 和 Shelley（2006）对德国开放大学的一些借助远程学习的高级学习者进行了跨文化能力问卷调查，结果发现多数学生普遍认为有关他国文化、社区和社会等知识和跨文化能力有着紧密联系，并且他们还认为对德国本土文化的了解和掌握也很重要（吴卫平、樊葳葳、彭仁忠，2013）。

表 6-5　　　　　　　　　　路径关系与标准化路径系数

路径关系	路径系数	P 值
ic3←KN1	0.900	***
ic2←KN1	0.936	***
ic1←KN1	0.753	***

注：P = 0.000 < 0.001。

　　第二个路径"外国文化知识"有七个描述项，包括了解外国的历史知识，了解外国的社会规范知识，了解外国的价值观知识，了解外国的文化禁忌知识，了解外国人言语行为知识，了解跨文化交流与传播等概念的基本知识，了解一些成功进行跨文化交流的策略和技巧。其中了解外国的历史知识，了解外国的社会规范知识，了解外国的价值观知识，了解外国人言语行为知识等方面相对最重要，了解外国的文化禁忌知识与了解跨文化交流与传播等概念的基本知识重要性居其次，了解一些成功进行跨文化交流的策略和技巧重要性最弱（见表 6-6）。其重要性程度也可从国外的一些实地调查数据和结论中得到佐证，如美国教育理事会（ACE）对全美六所大学培养国际化人才的培养计划和具体实施的策略进行了为期三年（2004—2007）的实地调查，研究发现几乎所有受试学校均强调把提高和增强跨文化交流知识作为首要评价指标，即大学生要理解全球化背景下文化多元化及基于不同文化差异而产生的不同行为认知和基本规范，要具备掌握各国经济、政治、社会管理体制等方面的知识，要了解其他国家文化知识（包括信仰、价值观、世界观及社交礼仪和风俗习惯等）（吴卫平、樊葳葳、彭仁忠，2013）。

表 6-6　　　　　　　　　　路径关系与标准化路径系数

路径关系	路径系数	P 值
ic4←KN2	0.823	***
ic5←KN2	0.879	***
ic6←KN2	0.876	***
ic7←KN2	0.789	***

路径关系	路径系数	P 值
ic8←KN2	0.815	***
ic9←KN2	0.730	***
ic10←KN2	0.486	***

注：P = 0.000 < 0.001。

第三个路径"态度"包括三个描述项，如愿意和来自不同文化的外国人进行交流和学习，愿意尊重外国人的生活方式和习俗，愿意学好外国语言和文化。以上三个描述因子重要性均非常高（见表 6 - 7）。而从 Byram 对欧洲人的研究发现，他认为态度是评价跨文化能力发展的基石。该观点还同时得到了 Lynch，Hanson，Okayama，Furuto，Edmondson 和 Deardorff 等学者的一致认同（Berardo，2005）。同样，为了支持该观点，值得一提的是在 Deardorff 采用的德尔菲专家调查法中态度是唯一得到所有跨文化专家 100% 赞同的评价跨文化能力影响因子（Deardorff，2004）。

表 6 - 7 路径关系与标准化路径系数

路径关系	路径系数	P 值
ic11←AT	0.826	***
ic12←AT	0.891	***
ic13←AT	0.856	***

注：P = 0.000 < 0.001。

第四个路径"跨文化交流技能"包括九个描述项，可概括为出现跨文化交流误解时和对方协商的能力，出现语言交流障碍时借助身体语言或其他非语言方式进行交流的能力，使用外语和来自不同社会文化背景和领域的人进行成功交流的能力，在与外国人交流时礼貌对待他们的能力，在与外国人交流时尽量避免用不恰当的语言和行为冒犯他们的能力，在与外国人交流时尽量避免对他们产生偏见的能力，在与外国人交流时会避免提到他们有关隐私话题的能力，具有对跨文化差异敏感性的能力，看待其他国家发生的事件时会从对方文化和多角度看问题的能力。其中在与外国人交流时礼貌对待他们的能力，在与外国人交流时尽量避免用不恰当的语言和行为冒犯他们的能力，在与外国人交流时尽量避免对他们产生偏见的能力，在与外国人交流时会避免提到他们有关隐私话题的能力等方面重要性最高，出现语言交流障碍时借助身体语言或其他非语言方式进行交流的能力，使用外语和来自不同社会文化背景和领域的人进行成功交流的能力，具有对跨文化差异敏感性的能力，看待其他国家发生的事件时会从对方文化和多角度看问题的能力等方面重要性一般（吴卫平、樊葳葳、彭仁忠，2013），相比之下，出现跨文化交流误解时和对方协商的能力重要性最弱（见表6-8）。在两类技能要素中，尤其是跨文化交流技能，几乎所有学者在评价跨文化能力时都会将其作为关键性因素之一（Fantini，2006）。

表6-8　　　　　　　　　路径关系与标准化路径系数

路径关系	路径系数	P值
ic14←SK1	0.597	***
ic15←SK1	0.668	***
ic16←SK1	0.614	***
ic17←SK1	0.861	***
ic18←SK1	0.833	***
ic19←SK1	0.845	***
ic20←SK1	0.868	***
ic21←SK1	0.789	***
ic22←SK1	0.788	***

注：$P = 0.000 < 0.001$。

第五个路径"跨文化认知技能"包括三个描述项，如具备通过与外国人的接触直接获取跨文化交际相关知识的能力，具备运用各种方法、技巧与策略帮助学习外国语言和文化的能力，出现跨文化冲突和误解时进行反思和学习并寻求妥善解决途径的能力。其中出现跨文化冲突和误解时进行反思和学习并寻求妥善解决途径的能力相对最重要，具备通过与外国人的接触直接获取跨文化交际相关知识的能力，具备运用各种方法、技巧与策略帮助学习外国语言和文化的能力重要性也非常高（见表

6－9）。从在 Deardorff（2004）撰写的博士论文中得出了一个惊人的研究结论：所有与技能有关的能力均得到受试专家的一致赞同意见，其中包括认知技能。

表 6－9　　　　　　　　　路径关系与标准化路径系数

路径关系	路径系数	P 值
ic23←SK2	0.852	***
ic24←SK2	0.832	***
ic25←SK2	0.902	***

注：$P = 0.000 < 0.001$。

第六个路径"意识"包括三个描述项，如意识到与外国人交流时彼此存在文化相似性和差异性，意识到与外国人交流时文化身份的差异性，意识到要基于不同文化视角审视跨文化交流情景。以上三个描述因子均极为重要（见表6－10）。随着国际化教育目标将情感因子增加到知识和技能中之后，意识也开始越来越被认为是跨文化能力发展中不可缺少的关键要素。由此，跨文化学者们普遍认为意识与态度、知识、技能一起构成了跨文化能力的主要维度，但是意识和其他三种要素的重要性排序不一样，Fantini 在构建意识、态度、技能和知识四维度模型时将意识放在其中心位置（Fantini，1995，2000）。另外，意识是跨文化能力发展的关键性路径之一（Freire，1998）。

表 6－10　　　　　　　　　路径关系与标准化路径系数

路径关系	路径系数	P 值
ic26←AW	0.910	***
ic27←AW	0.947	***
ic28←AW	0.911	***

注：$P = 0.000 < 0.001$。

第三节　本章小结

本章主要对中国大学生跨文化能力量表的信度和效度重新进行了检

验，并对中国大学生跨文化能力的主要路径及其重要性进行了细致的讨论和分析。首先，本书通过对吴卫平（2013）的中国大学生跨文化能力理论及相关文献理论的分析，为研究中国大学生跨文化能力发展的主要路径及其重要性做了铺垫。其次，通过对收集的问卷数据对中国大学生跨文化能力量表的信度和效度进行了检验，结果发现，该量表具有较好的信度和效度。同时，通过对该量表的结构方程模型拟合数据深度挖掘发现，在中国大学生跨文化能力发展的六个主要路径中，跨文化交流技能和跨文化意识两个路径重要性最高，跨文化认知技能重要性居其次，外国文化知识和态度重要性一般，相比之下，本国文化知识重要性最弱。

第七章

大学生跨文化接触的重要性及路径分析

第一节 跨文化接触的重要性分析

随着国际交往的日益频繁，中国大学生参与国际跨文化交流和接触的机会也越来越多，而且他们跨文化接触也有着各自不同的路径和方式。近几十年来，目前关于跨文化接触的研究不多见，尤其是从跨文化能力发展视角探讨跨文化接触的研究，现有的一些研究主要局限在虚拟的类似实验室的环境中进行的跨文化接触研究（如 Allport，1954；Pettigrew，1986；Kormos & Csizér，2007；Halualani，2008）；而且大多数跨文化接触研究过分强调"正确的"或"最佳的"接触条件（如"接触应是自发的""接触应是定期且频繁的"和"接触应产生于具有相似社会经济地位的个体之间"）（彭仁忠、吴卫平，2016）。这就意味着，研究者仅仅只研究产生于一系列极优条件下的接触。因此，这类研究不能充分反映个人实际生活中存在的日常接触（Bramel，2004；Dixon et al.，2005；Ellison & Powers，1994；Pettigrew，2000）。而且，一些对极少存在的理想化跨文化接触的调查研究在很大程度上可能忽视了个体和文化群体在复杂实际生活中跨文化接触的具体情况（Connolly，2000；Dixon et al.，2005；Pettigrew，2000）。与以往跨文化接触研究有所不同的是，国内著名跨文化学者胡文仲先生（1999）曾指出，与说英语本族语的人进行直接口语接触和交流或者通过直接接触方式学习他们的文化，是提高跨文化能力的最佳途径之一。国外学者 Kormos 和 Csizér（2007）强调从外语学习视角研究跨文化接触；他们认为，跨文化接触有助于培养学生的跨文化能力，跨文化接触不仅应包含与讲目标语的本族语者或非本族语者的直接接触（用 DC 代表）和间接接触（用 ID 代表），还包含使用目标语言通过文化类产品进行接触（主要是通过不同类型的电子类或者印刷类媒介进行接触）（彭仁忠、吴卫平，2016）。

国内外学者们对群际接触理论的构建最早开始于第二次世界大战之后，目的是为了探寻减少群际偏见的有效解决方案（Williams，1947）。Allport（1954）第一次系统地提出了他的群际接触理论，也被称为接触假说。这个理论的基本内容是关于良好环境下的群际接触如何减少群际偏见。该接触假说在理论方面具有重大意义，引起了学者们的极大关注（Pettigrew，1971）。毫无疑问，追溯到 20 世纪 50 年代的跨文化接触研究已经取得了一些有价值的见解，比如群际接触在哪些条件下有助于减少群体外偏见；直接的群际接触被认为是减少偏见和群际冲突的"捷径"等。另外，以往的一些研究已经对接触的条件、影响和结果以及许多群际接触过程中所涉及的因素进行了具体分析。而且，多年来从事跨文化接触研究的学者们对群体接触、接触的条件、偏见减少以及态度转变之间的关系进行了大量的研究并积累了广泛的研究基础（Williams，1947；Allport，1954；Pettigrew，1986；Stephan，1987；Dovidio et al.，2003；Kormos & Csizér，2007；Halualani，2008）。

尽管 Allport（1954）的接触假说建立在社会心理学的基础上，它同样广泛地应用于与这项研究紧密联系的语言学习领域。接触作为动机的一种基础成分，最先出现于 Clément（1980）的模型中。Clément 和 Kruidenier（1983）检验了这一模型，结果证明频繁而愉悦的接触经历可以增强语言学习者的自信，并且反过来以积极的方式影响动机。同样，其他较多的学者们致力于研究外语学习中群际接触给态度和动机带来的影响，例如 Dörnyei 和 Csizér（2005）研究了群际接触和旅游对语言态度和语言学习动机带来的影响。Kormos 和 Csizér（2007）在 Allport（1954）提出的接触假说的基础上进行了一项关于群际接触在外语环境下对语言学习的影响研究，以探索学生在匈牙利可能体验到的跨文化接触类型。在他们的研究中，从处于外语环境中语言学习者的角度对跨文化接触进行了定义，"对于大多数学生来说，跨文化接触包含直接和间接地与说目标语言的本族人或非本族人的接触，同时也包含与目标语言下的文化产品（电子和印刷媒体等）的接触。"（Kormos & Csizér，2007：244）从他们的研究结果发现，跨文化接触能够促进学生跨文化能力的发展，增强他们语言学习动机以及减少语言使用焦虑。由此，在跨文化能力发展视域下，存在两种主要的跨文化接触：一种是直接接触，包括与以目标语为母语或者非母语的人进行语言互动（无论是口头或书面），即直接口语接触和直接书面语接触；另一种是间接接触，即间接人际接触和间接的文化产品类接触。同时，间接接触也涉及与目标语言中各种文化产品和媒介（电视、网络、书籍、电影、杂志和报纸）的接触（Clément & Kruidenier，1983；Kormos & Csizér，2007；Pettigrew，2000；Campbell，2003；Liaw，2003，2006；Luis，2012）。

因此，本书基于该跨文化接触理论，采用深度访谈和问卷调查相结合的方法，旨在构建基于跨文化能力视域下的中国大学生跨文化接触的概念模型及维度量表并探索跨文化能力视域下当前中国大学生跨文化接触路径及其重要性，为从事跨文化研究学者们提供了重要的理论基础，同时为国际化教育培养计划制订提供参考。

第二节　中国大学生跨文化接触路径分析

一　研究方法

1. 研究问题

本书主要回答以下两个问题：

（1）中国大学生跨文化接触量表的信度和效度如何？

（2）中国大学生跨文化接触的主要路径有哪些？其重要程度如何？

2. 研究样本

本书的样本来自全国五所综合性大学的 600 名大学一年级至四年级学生。以上研究样本分别来自社会学、计算机、管理、哲学、法律、自动化、电子信息、生物、医学等专业的学生，其中样本比例代表学科比例，文科所占比例为 25%，理工科占 57%，其他学科占 18%。

3. 研究工具

本书以 Kormos 和 Csizér（2007）的跨文化接触理论范式为理论基础，结合中国大学生跨文化接触的实际情况构建了一套包含 4 个维度、52 个描述项的中国大学生跨文化接触量表。问卷设计具体步骤如下：步骤一，通过文献研究，确定跨文化接触的概念和分类；步骤二，通过小组访谈，确定跨文化接触的初始题项；步骤三，生成初始量表，并使用生成的初始量表进行问卷调查；步骤四，通过过程迭代，生成最简洁明确的量表（其中涉及信度系数检验，删除不符合的题项，利用探索性因子分析检验量表的维度，根据结果进行测量项的调整和维度重构）；步骤五，构建正式量表。问卷包含 52 个描述项，涵盖了直接接触 35 个描述项和间接接触 17 个描述项，问卷的 Cronbach 系数是 0.937，显示了该问卷具有良好的信度。在问卷设计整个过程中，本书以 Kormos 和 Csizér（2007）的跨文化接触分类作为问卷题项设计的范式，即问卷内容包括直接口语接触和直接书面语接触，间接人际接触和间接的文化产品类接触。此外，本书根据小组访谈和讨论结果对此份问卷的描述项进行了补充，如间接人际接触中增加了"通过朋友来了解外国文化""通过听英语歌曲来了解外国文化""通过观看英文电影来了解外国文化"等，生成了初始量表。通过小样本数据收集，利用试测阶段的小样本数据进行探索性因子分析以确定各变量的因子结构，从而修正初始量表，删除了因子载荷较低的描述项"在国内与非英语本族语讲者进行沟通"，构建了中国大学生跨文化接触正式量表（彭仁忠、吴卫平，2016）。该量表中的内容包括两个部分：第一部分为大学生个人信息，包括性别、年级、专业、托福雅思成绩、出国经历及跨文化接触经历等等；第二部分为跨文化接触量表，包括两个主要维度：直接接触和间接接触，由 52 个描述项分别体现，采用莱克特量表分级计分方法，从"1"到"5"依次计分，"1"代表"非常少"，"2"代表"较少"，"3"代表"一般"，"4"代表"较多"，"5"代表"非常多"。

4. 数据收集与分析

本书通过学生课堂面对面和快递邮寄两种方式共发放中国大学生跨文化接触正式问卷 600 份，共回收实际有效问卷 531 份，有效率为

89%。将收回的 531 名学生的问卷数据输入电脑并使用 SPSS19.0 和 A-MOS19.0 对数据进行统计分析。采用 Bartlett 球体检验及 KMO 检验进行效度分析，通过探索性（EFA）和验证性因子分析（CFA）对量表的结构效度进行检验；采用 *Cronbachα* 系数、组合信度（CR）及平均方差提取（AVE）进行信度分析；讨论与分析中国大学生跨文化接触的主要路径及其重要性。

二　研究结果

1. 探索性因子分析（EFA）

采用探索性因子分析法对所收集的问卷数据进行了因子提取，通过主成分分析法和方差最大旋转法进行正交旋转，旋转在 9 次迭代后收敛，第一次 EFA 分析结果 KMO 值为 0.935 > 0.5，Barlett 的球形度检验结果显著（近似卡方值为 11991.73，自由度为 561，P 值为 0.000 < 0.01），表明所选样本大小达到要求，收集的数据适合做因子分析。随后进行了第二次 EFA 分析结果发现，有 12 个直接接触描述项和 9 个间接接触描述项不符合因子提取的要求，譬如因子载荷值小于 0.4（Kumar, 1999），或者分布在同一个独立的因子中，并且该因子所包括的项目数小于 3（Bandalos, 1993），或者同时出现在两个因子载荷值 0.4 以上因子中（Diamantopoulos & Siguaw, 2000），故将其删除。第二次 EFA 分析结果 KMO 值为 0.884 > 0.5，Barlett 的球形度检验结果显著（近似卡方值为 9268.11，自由度为 465，P 值为 0.000 < 0.01），经过正交旋转，旋转在 6 次迭代后收敛，提取 6 个主要因子，其特征值均大于 1.0，累积方差贡献率为 64.534%，较全面地解释了量表中各主要因子的特征，构成了一个由 6 个主要因子和 31 个描述项组成的修正后的中国大学生跨文化接触量表，各描述项的载荷值、因子特征值及解释率见表 7-1。

表 7-1　　　　　　探索性因子分析旋转后得到的因子

	DSM	FSM	DICA	FICA	CP	MMC
dc1 在国内通过 QQ 与英语本族语的人用英语进行打字交流	0.701					
dc2 在国内通过 QQ 与英语本族语的人用英语进行语音交流	0.813					

续表

	DSM	FSM	DICA	FICA	CP	MMC
dc3 在国内通过 QQ 与英语本族语的人用英语进行视频交流	0.696					
dc4 在国内通过 MSN 与英语本族语的人用英语进行打字交流	0.724					
dc5 在国内通过微信与英语本族语的人用英语进行打字交流	0.723					
dc6 在国内通过微信与英语本族语的人用英语进行语音交流	0.784					
dc7 在国内通过微信与英语本族语的人用英语进行视频交流	0.703					
dc8 在国内通过微博与英语本族语的人用英语进行打字交流	0.637					
dc12 在国内通过 Skype 与英语本族语的人用英语进行打字交流		0.783				
dc13 在国内通过 Skype 与英语本族语的人用英语进行语音交流		0.852				
dc14 在国内通过 Skype 与英语本族语的人用英语进行视频交流		0.841				
dc17 在国内通过参加外国节日庆祝活动了解英语国家人们的文化			0.732			
dc18 在国内通过参加外国文化交流日活动了解英语国家人们的文化			0.779			
dc19 在国内通过参加国际留学会展活动了解英语国家人们的文化			0.674			
dc22 在国内通过参加文化类讲座（外国人）了解英语国家人们的文化			0.787			
dc23 在国内通过参加培训机构外教英语培训课程了解英语国家人们的文化			0.659			
dc26 在国内通过学校里的外教了解英语国家人们的文化			0.611			
dc29 到国外通过参加国外带薪实习了解英语国家人们的文化				0.721		
dc30 到国外通过参加国际学术会议了解英语国家人们的文化				0.587		

续表

	DSM	FSM	DICA	FICA	CP	MMC
dc31 到国外通过参加国外大学交换生了解英语国家人们的文化				0.628		
dc32 到国外通过参加暑期国际夏令营了解英语国家人们的文化				0.706		
dc33 到国外通过参加寒假国际冬令营了解英语国家人们的文化				0.836		
dc34 到国外通过参加国际志愿者活动了解英语国家人们的文化				0.729		
id40 在国内通过在线网络课程了解英语国家人们的文化					0.742	
id41 在国内通过阅读纸质书籍了解英语国家人们的文化					0.627	
id42 在国内通过阅读电子书籍了解英语国家人们的文化					0.648	
id43 在国内通过阅读纸质报纸杂志了解英语国家人们的文化					0.757	
id44 在国内通过阅读电子报纸杂志了解英语国家人们的文化					0.838	
id45 在国内通过观看英文电影了解英语国家人们的文化						0.782
id46 在国内通过听英文歌曲了解英语国家人们的文化						0.807
id52 在国内通过上大学英语课程了解英语国家人们的文化						0.744
	DSM	FSM	DICA	FICA	CP	MMC
特征值	4.785	2.349	3.432	3.546	3.660	2.233
方差百分比	15.435	7.578	11.072	11.439	11.805	7.204

注：DSM = 国内社交媒体，FSM = 国外社交媒体，DICA = 国内跨文化交流活动，FICA = 国外跨文化交流活动，CP = 文化产品，MMC = 多媒体与课程。

根据以上探索性因子分析结果表 7 - 1 可见，中国大学生跨文化接触量表有 6 个主要因子和 31 个描述项，特征值大于 1 的因子可提取 6 个，所有描述项分别聚合在 6 个主要因子中：国内社交媒体（用 DSM 代表）有 8 个描述项（dc1，dc2，dc3，dc4，dc5，dc6，dc7，dc8），国外社交媒体（用 FSM 代表）有 3 个描述项（dc12，dc13，dc14），国内跨文化交流活动（用 DICA 代表）有六个描述项（dc17，dc18，dc19，dc22，dc23，dc26），国外跨文化交流活动（用 FICA 代表）有六个描述项（dc29，dc30，dc31，dc32，dc33，dc34），文化产品（用 CP 代表）有五个描述项（id40，id41，id42，id43，id44），多媒体与课程（用 MMC 代表）有三个描述项（id45，id46，id52）（见表 7-1）。另外，由表 7-1 可见，量表累计解释的总方差为 64.534%，所有描述项的因子载荷在 0.611 和 0.852 之间，说明以上六个主要因子较全面地反映了跨文化接触中国内社交媒体、国外社交媒体、国内跨文化交流活动、国外跨文化交流活动、文化产品和多媒体与课程六个维度的内容。

2. 信度分析

为了保证量表的可靠性和有效性，对跨文化接触量表进行了信度检验，即检验量表内在一致性 Cronbach α 系数值、组合信度（CR）及平均方差提取（AVE）（见表 7-2）。

表 7-2　　　　　　　中国大学生跨文化接触量表信度分析

维度	描述项数量	组合信度（CR）	平均提取方差（AVE）	Cronbach's a	
				维度	整体
国内社交媒体（DSM）	8	0.898	0.525	0.881	0.892
国外社交媒体（FSM）	3	0.865	0.682	0.869	
国内跨文化交流活动（DICA）	6	0.858	0.504	0.836	
国外跨文化交流活动（FICA）	6	0.869	0.527	0.836	
文化产品（CP）	5	0.888	0.614	0.894	
多媒体与课程（MMC）	3	0.821	0.605	0.823	

由表 7-2 可见，修正后的跨文化接触量表中六个维度因子的 Cronbach a 系数介于 0.823 和 0.894 之间，整体量表的 Cronbach a 系数为 0.892，属较高的信度系数，表明该量表的内在一致信度较好。潜在变量的组合信度 CR 的值均大于 0.6，表明各测量变量间的内在关联度较高，各潜变量具有较强的综合解释能力。潜在变量的平均方差提取量

AVE 的值均大于 0.5，表明各观测变量可以有效反映其潜在变量及方差解释力较好。因此，该量表具有良好的信度，表明该问卷设计得较好。

3. 验证性因子分析（CFA）

采用 AMOS 19.0 进行验证性因子分析（CFA），对 EFA 所得修正后的跨文化接触量表进行模型合度评价。通过 CFA 假设模型验证得到模型合度指数结果（见表 7 - 3），χ^2/df（卡方自由度比）、NFI（规准适配指数）、NNFI（非规准适配指数）、CFI（比较适配指数）、GFI（适配度指数）、PGFI（简约适配度指数）、RMR（残差均方和平方根）、RMSEA（渐进残差均方和平方根）等拟合度指数均在可接受范围之内，符合 SEM 整体模型适配度的评价标准，表明跨文化接触量表结构模型路径图（见图 7 -1）与其实际观测数据有良好的适配度，或者说跨文化接触六因子模型效度高。由此，结合 EFA 和 CFA 一起证实了修正后的中国大学生跨文化接触量表具有很好的结构效度。

表 7 - 3　　修正后的中国大学生跨文化接触量表合度指数的验证性因子分析

指标	χ^2/df	NFI	NNFI	CFI	GFI	PGFI	RMR	RMSEA
参考值	1 - 3	> 0.90	> 0.90	> 0.90	> 0.90	> 0.50	< 0.05	< 0.05
指标值	2.09	0.910	0.943	0.950	0.908	0.747	0.038	0.045

注：χ^2/df 的 P = 0.000 < 0.001。

从图 7 -1 可以看出，通过验证性因子分析，可以得出跨文化能力发展视域下的中国大学生跨文化接触的二阶因子：直接接触（DC）和间接接触（ID）。直接接触可以被国内社交媒体（DSM）、国外社交媒体（FSM）、国内跨文化交流活动（DICA）和国外跨文化交流活动（FICA）等因子所反映和解释，各因子与直接接触之间的关系显著，其路径系数分别为 0.82、0.64、0.51，其中国内社交媒体是直接接触中最有解释力和影响力的因子。间接接触可以被文化产品（CP）和多媒体与课程（MMC）等因子所反映和解释，各因子与间接接触之间的关系显著，其路径系数分别为 0.99、0.67，其中文化产品是间接接触中相对较强解释力和影响力的因子。另外，六种中国大学生跨文化接触路径的相关系数如表 7 - 4 所示。

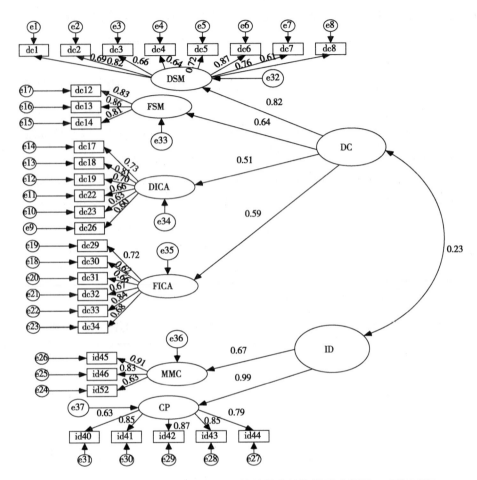

图 7 - 1　修正后的中国大学生跨文化接触量表结构模型路径图（高阶因子）

从表 7 - 4 可以发现，与直接接触相关的四种路径如国内社交媒体、国外社交媒体、国内跨文化交流活动和国外跨文化交流活动等之间的相关系数在 0.254 和 0.514 之间，存在一定的相互联系；同时，与间接接触相关的两种路径如文化产品和多媒体与课程等路径之间的相关系数为 0.67，存在较强的相互关联。然而，与直接接触相关四种路径和与间接接触相关的两种路径等之间的相关系数均低于 0.075，关联度非常低或者几乎不存在联系，这说明跨文化能力发展视域下的中国大学生跨文化接触并不是单一维度的，由此可以看出跨文化能力发展视域下的中国大学生跨文化接触可能存在二阶因子，即直接接触和间接接触。

表 7 - 4 六种中国大学生跨文化接触路径的相关系数表

	国内社交媒体	国外社交媒体	国内跨文化交流活动	国外跨文化交流活动	文化产品	多媒体与课程
国内社交媒体	1					
国外社交媒体	0.514	1				
国内跨文化交流活动	0.338	0.288	1			
国外跨文化交流活动	0.454	0.386	0.254	1		
文化产品	0.075	0.063	0.065	0.056	1	
多媒体与课程	0.051	0.044	0.042	0.039	0.670	1

三 讨论与分析

1. 中国大学生跨文化接触量表的内在结构属性

本书采用探索性因子分析法（EFA）分析中国大学生跨文化接触量表所得数据并提取了六个关键性因子，确定了量表因子内在结构及其因子负荷量，建立了量表的内在结构效度。通过因子提取研究发现，中国大学生跨文化接触主要路径包括以下六个方面：（1）国内社交媒体（DSM）；（2）国外社交媒体（FSM）；（3）国内跨文化交流活动（DICA）；（4）国外跨文化交流活动（FICA）；（5）文化产品（CP）；（6）多媒体与课程（MMC）（见表 7 - 1）。同时，通过验证性因子分析（CFA）得出了跨文化能力发展视域下的中国大学生跨文化接触的二阶因子，即直接接触和间接接触（见图 7 - 1 和表 7 - 4）。以上跨文化接触的内在结构属性可以从国外跨文化接触研究学者如 Clément 和 Kruidenier（1983），Kormos 和 Csizér（2007），Dowd（2007）等提出的跨文化接触理论构念中得到较充分的理论支撑。例如，Clément 和 Kruidenier（1983），Kormos 和 Csizér（2007）等学者曾指出，跨文化接触不仅包括与以目标语为母语或者非母语的人进行语言互动（无论是口头或书面）等方面的直接接触，也包括与目标语言中不同的文化产品和媒介（电视、网络、书籍、电影、杂志和报纸）等方面的间接接触，以上接触不同程度上能够提高学生的跨文化能力。Dowd（2007）认为网络通信平台这种虚拟的跨文化接触（电子邮件、网络论坛和视频会议）可以促进学生跨文化能力的发展。同时，本书结合 *Cronbachα* 系数、组合信度（CR）及平均方差提取（AVE）等信度评价指标对修正后的中国大学生跨文化接触量表进行了信度验证，结果表明中国大学生跨文化接触量表具有良好的内在结构信度。另外，通过 CFA 模型拟合度检验发现，模型拟合度指标如卡方自由度比、规准适配指数、非规准适配指数、比较适配指数、适配度指数、简约适配度指数、残差均方和平方根、渐进残差均方和平方根等均在 SEM 整体模型适配度的评价标准可接受范围之内，从而证实了修正后的中国大学生跨文化接触量表具有很好的内在结构效度。

2. 中国大学生跨文化接触的主要路径及其重要性

跨文化接触的六个主要路径中各因子重要性各有不同。通过图 1 中各因子与潜变量之间路径系数可以看出各自路径的相对重要性程度。同时，结合跨文化能力发展视域下的相关研究深入分析和佐证跨文化接触各路径的重要性。

第一个路径"国内社交媒体（DSM）"在跨文化直接接触中相对最重要，包括八个观测变量，涵盖了在国内通过 QQ 和微信与英语本族语的人用英语进行打字交流、语音交流和视频交流；在国内通过 MSN 和微博与英语本族语的人用英语进行打字交流等方面。同样，Campbell（2003）证明了基于微博的网络互动对学生跨文化能力的发展有积极的影响。此外，Liaw（2003）从英语学习视角研究发现，与来自不同文化背景的人进行以邮件为主要方式的在线交流有助于学生跨文化能力的发展。

第二个路径"国外社交媒体（FSM）"在跨文化直接接触中相对较重要，包括三个观测变量，如在国内通过 Skype 与英语本族语的人用英语进行打字交流、语音交流和视频交流等方面。其他学者运用 Skype 进行的相关研究如丁璇（2006）通过实证调查发现聊天工具 Skype 对大学生跨文化能力的影响比较明显，可以大幅度提高他们的跨文化能力。

第三个路径"国内跨文化交流活动（DICA）"在跨文化直接接触中相对重要性最弱，包括六个观测变量，如在国内通过参加外国节日庆祝活动、外国文化交流日、国际留学会展活动、文化类讲座（外国人）、通过学校里的外教或培训机构的外教英语培训课程等了解英语国家人们的文化。其他一些与该路径相关的研究如祝永胜（2009）通过实证研究发现外教的语言教学能够明确地纠正目标语言文化习得并能提供持续的社会语言环境接触，促进学生跨文化能力的提高。何芸（2010）认为要充分利用外籍教师的潜能和优势来培养学生跨文化交际意识和能力。

第四个路径"国外跨文化交流活动（FICA）"在跨文化直接接触中重要性一般，包括六个观测变量，可概括为到国外通过参加国外带薪实习、国际学术会议、国外大学交换生、暑期国际夏令营、寒假国际冬令营和国际志愿者活动等方面了解英语国家人们的文化。与该路径类似的一些研究有：Kormos 和 Csizér（2007），Yashima（2010），Rivers（2011）和 Kormos，Csizér 和 Iwaniec（2014）等学者对跨文化接触的研究结果发现，国外跨文化经历可以促进学生跨文化能力的发展。同时，国外大学交换生经历也可以促进学生跨文化敏感度的提高（Jackson，2006；黄园园，2012）。

第五个路径"文化产品（CP）"在跨文化间接接触中相对更重要，包括五个观测变量，如在国内通过在线网络课程、通过阅读纸质版的书籍和报纸杂志、电子版的书籍和报纸杂志等了解英语国家人们的文化。间接接触有助于增强学生的跨文化能力发展，其中涉及基于网络的跨文化间接接触，如电子论坛和在线阅读（Liaw，2006），尤其是阅读规范的文学作品（Luis，2012）等间接接触方式对学生跨文化能力产生许多积极影响。

第六个路径"多媒体与课程（MMC）"在跨文化间接接触中重要性一般，包括三个观测变量，如在国内通过观看英文电影、通过听英文歌曲和上大学英语课程了解英语国家人们的文化。其他一些国内学者研究证明了观看英文电影或选修英美影视课程等方面的间接接触有助于增强学生跨文化能力的发展（如莫海文，2008；李彦，2009；张莉，2010）。

第三节　　本章小结

本章基于 Kormos 和 Csizér（2007）的跨文化接触理论范式和通过对相关概念之间的文献分析构建了关于中国大学生跨文化接触概念模型及维度量表，并对中国大学生跨文化接触量表的信度和效度进行了检验，通过对收集的问卷数据进行一系列信效度分析，其中包括探索性因子分析、验证性因子分析和信度效度的多次检验，依据数据分析结果，剔除不合理的描述项，从而对量表进行了修正，最终构建了中国大学生跨文化接触维度量表，该量表包括国内社交媒体、国外社交媒体、国内跨文化交流活动、国外跨文化交流活动、文化产品、多媒体与课程六个维度，共31个描述项。同时，利用结构方程模型数据分析了中国大学生跨文化接触的主要路径及其重要性，为研究中国大学生跨文化接触对其跨文化能力的影响奠定了理论基础。

第八章

中国大学生跨文化接触与
跨文化能力的关系路径分析

第一节　跨文化接触与跨文化能力的相关理论分析

　　现有的文献有力地证明了跨文化接触对跨文化能力的发展起着十分关键的作用。一些研究者认为，与本族语者的直接接触可以增加国际学生的跨文化态度和技能（e. g., Campbell, 2012; Vezzali, Crisp, Stathi & Giovannini, 2015; Yashima, 2010）。一些学者认为与交换学生的直接接触，以及与本族语者的博客互动，在外语和留学的情境中可以培养跨文化能力发展（Bewick & Whalley, 2000; Campbell, 2012; Elola & Oskoz, 2008; Jackson, 2006; Zhang, Cheung & Lee, 2012）。从使用博客以及对母语者的采访来看，交换学生在从了解文化间的差异到对目标语开放和欣赏的过程中，实现了各个阶段的跨文化能力（Zhang et al., 2012）。Campbell（2012）证明了博客的互动对跨文化能力的发展有积极的影响。同样的，无论是出国留学者还是外语学习者都通过实例证明，博客互动对他们跨文化能力的发展有着积极的影响（Elola & Oskoz, 2008）。通过对加拿大交换生为期近一个月的生活日记分析得出，拥有海外经历的交换生在跨文化认知层面取得了显著进展（Bewick & Whalley, 2000）。在一项为期五周的个案研究中，针对在英国的中国香港交换生，Jackson（2006）发现，海外经历可以增强学生的跨文化敏感度。此外，一些学者基于在线通信工具进行了虚拟的跨文化接触调查，研究发现，与来自不同文化背景的人进行虚拟的跨文化接触可以提升学生的跨文化能力（Liaw & Johnson，2001；Liaw，2006；O'Dowd，2007）。尤其是用来连接地理位置遥远的语言学习者，诸如电子邮件、网络论坛和视频会议等在线平台或通信工具的应用，可以通过协作任务以及项目工作来促进他们的外语技巧以及跨文化能力（O'Dowd，2007）。从英语学习和教学的角度，Liaw 和 Johnson（2001），Liaw（2006）指出，通过电子邮件的交流和互动的直接接触可以增强学生跨文化能力的发展。

此外，一些中国学者也对直接接触进行了研究，如学生的跨文化经历、校园的跨文化接触、出国留学和交流项目（Huang，2012；Wang，2010；Zhang & Ding，2010）。例如，通过对比有跨文化经历和没有跨文化经历的学生，发现在跨文化意识方面前者比后者有更好的执行力度（Zhang & Ding，2010）。校园跨文化接触的调查显示中国大学生在校园中对跨文化接触有相当大的兴趣（Wang，2010）。此外，通过问卷和访谈相结合的方式证明，与外国学生通过海外留学和交换项目进行直接接触可以促进学生的跨文化能力（Huang，2012）。

相较于直接接触的研究，对间接接触的一些研究也发现，间接接触对学生的跨文化能力发展也有一定的积极影响，如涉及学生接触国外文化产品和文物的活动（电影、录像、书籍、杂志和音乐）（Clément & Kruidenier，1983；Dörnyei & Csizér，2005；Kormos & Csizér，2007）。此外，在线阅读环境和电子论坛的建设可以有力提高学生对理解自己文化和外国文化，以及在面对不同文化问题时，可以刺激学生对不同文化和生活方式的兴趣（Liaw，2006）。Gómez 和 Fernando（2012）在波哥大的一所大学对高级英语课堂开展了一项语言项目，旨在研究是否文学作品的阅读可以提高跨文化能力。结果显示，阅读文学作品不仅可以作为阅读实践，同时也为学生通过与不同文化的互动构建跨文化知识提供了机会，因此它是发展学生跨文化能力的一条有效途径。

关于间接接触，一些中国学者也研究了文化产品和多媒体（电视节目和电影）对学生跨文化能力发展的影响。例如，Liu 和 Fan（2004）认为，不同文化类型的电视节目在引进外国文化和促进跨文化交流方面起了一定的作用。Zhang（2010）指出，观看英文电影不仅可以激发学生对英国文化的兴趣，还可以增强他们对外国文化的了解。其他学者也表明观看电影可以有效增强学生的跨文化能力（Li，2009；Mo，2008）。

通过以上文献综述发现，一些研究者指出了跨文化接触和跨文化能力的关系。然而，并没有研究探索中国大学生现实生活中的跨文化接触是如何影响他们跨文化能力的发展。

第二节　跨文化接触对跨文化能力的关系模型研究

一　研究方法

1. 研究问题和研究假设

（1）中国大学生跨文化能力与跨文化接触相关关系如何？

H0：中国大学生跨文化接触显著影响其跨文化能力发展。

H1a：国内社交媒体显著影响中国大学生的本国文化知识；

H1b：外国社交媒体显著影响中国大学生的本国文化知识；

H1c：国内跨文化交流活动显著影响中国大学生的本国文化知识；

H1d：国外跨文化交流活动显著影响中国大学生的本国文化知识；

H1e：文化产品显著影响中国大学生的本国文化知识；

H1f：多媒体与课程显著影响中国大学生的本国文化知识。

H2a：国内社交媒体显著影响中国大学生的外国文化知识；

H2b：外国社交媒体显著影响中国大学生的外国文化知识；

H2c：国内跨文化交流活动显著影响中国大学生的外国文化知识；

H2d：国外跨文化交流活动显著影响中国大学生的外国文化知识；

H2e：文化产品显著影响中国大学生的外国文化知识；

H2f：多媒体与课程显著影响中国大学生的外国文化知识。

H3a：国内社交媒体显著影响中国大学生跨文化态度；

H3b：外国社交媒体显著影响中国大学生跨文化态度；

H3c：国内跨文化交流活动显著影响中国大学生跨文化态度；

H3d：国外跨文化交流活动显著影响中国大学生跨文化态度；

H3e：文化产品显著影响中国大学生跨文化态度；

H3f：多媒体与课程显著影响中国大学生跨文化态度。

H4a：国内社交媒体显著影响中国大学生跨文化交流技能；

H4b：外国社交媒体显著影响中国大学生跨文化交流技能；

H4c：国内跨文化交流活动显著影响中国大学生跨文化交流技能；

H4d：国外跨文化交流活动显著影响中国大学生跨文化交流技能；

H4e：文化产品显著影响中国大学生跨文化交流技能；

H4f：多媒体与课程显著影响中国大学生跨文化交流技能。

H5a：国内社交媒体显著影响中国大学生跨文化认知技能；

H5b：外国社交媒体显著影响中国大学生跨文化认知技能；

H5c：国内跨文化交流活动显著影响中国大学生跨文化认知技能；

H5d：国外跨文化交流活动显著影响中国大学生跨文化认知技能；

H5e：文化产品显著影响中国大学生跨文化认知技能；

H5f：多媒体与课程显著影响中国大学生跨文化认知技能。

H6a：国内社交媒体显著影响中国大学生跨文化意识；

H6b：外国社交媒体显著影响中国大学生跨文化意识；

H6c：国内跨文化交流活动显著影响中国大学生跨文化意识；

H6d：国外跨文化交流活动显著影响中国大学生跨文化意识；

H6e：文化产品显著影响中国大学生跨文化意识；

H6f：多媒体与课程显著影响中国大学生跨文化意识。

（2）中国大学生跨文化接触中有哪些因子显著影响其跨文化能力发展？

2. 研究对象

本书的样本来自全国五所综合性大学的 600 名大学一年级至四年级学生。以上研究样本分别来自社会学、计算机、管理、哲学、法律、自动化、电子信息、生物和医学等专业的学生，其中样本比例代表学科比例，文科所占比例为 25%，理工科占 57%，其他学科占 18%。

3. 研究工具

问卷量表一：中国大学生跨文化能力自评量表，包含 6 个主要因子（本国文化知识、外国文化知识、态度、跨文化交流技能、跨文化认知

技能和意识），28 个描述项，具有较好的信度和效度水平，是评价中国
大学生跨文化能力的一种新的本土化的测评量表，在实际测量过程中具
有可靠性和有效性（吴卫平、樊葳葳、彭仁忠，2013）。

问卷量表二：中国大学生跨文化接触量表，包含六个主要维度（国
内社交媒体、国外社交媒体、国内跨文化交流活动、国外跨文化交流活
动、文化产品和多媒体与课程），31 个描述项，具有较好的信度和效度
水平，是评价中国大学生跨文化接触的一种新的本土化的测评量表，在
实际测量过程中具有可靠性和有效性。

4. 数据收集与分析

本书通过学生课堂、快递邮寄和电子邮件方式共发放问卷 600 份，
共回收实际有效问卷 531 份，有效率为 89%。将收回的 531 名学生的问
卷数据输入电脑并使用 SPSS19.0 对数据进行统计分析。该样本数据收
集包括中国大学生跨文化接触数据和跨文化能力数据，前两章已采用该
样本进行了信度和效度检验，结果证实中国大学生跨文化接触模型和跨
文化能力模型均有较好的拟合度。

5. 结构方程模型检验

结构方程模型（Structural Equation Model，SEM），是一种基于变量
协方差矩阵来分析变量之间关系的统计方法（侯杰泰等，2004）。可利
用变量协方差矩阵分析变量间的关系。该模型方法应用于本书的具体情
况如下：依据新一代多元统计中的"因素分析"和"路径分析"，可分
为测量和结构两个模型，故而既能讨论跨文化能力及其影响因素的度
量，又能讨论其相互关系。该方法允许自变量与因变量同时出现测量误
差，符合本书有抽象概念的情况。不同于回归与路径分析等分析方法逐
一计算因变量，结构方程模型除了考虑其交互影响的情况，还可处理多
个因变量，可用于研究跨文化接触对跨文化能力的影响（王小干，
2011；刘赫，2012）。该方法能有机结合主观模型的构建和客观数据，
模型更具弹性，其结果与理论吻合程度具有拟合优度系数，可引领研究
人员有效修改模型。结构方程模型方法摆脱了其他数理统计方法完全依
赖样本数据不利于评估者充分进行积极思考的束缚，既注重客观性，又
让研究人员自由设置路径；其结论既符合逻辑、理论，又有数据作支

撑。结构方程模型共有测量模型和结构模型。测量模型旨在描述观测变量与潜变量间的关系，即外部关系；结构模型旨在描述潜变量间的关系，即内部关系（王小干，2011；刘赫，2012）。在本书中，内生潜变量主要包括跨文化能力，如本国文化知识、外国文化知识、态度、跨文化交流能力、跨文化认知能力和意识；外源潜变量则是指跨文化接触，包括国内社交媒体、国外社交媒体、国内跨文化交流活动、国外跨文化交流活动、文化产品和多媒体与课程。

结构方程模型分析一般包括三个步骤：

（1）模型建构与修正。根据研究的理论基础，提出研究假设，并用结构方程模型的形式表现出来，可以是模型路径图，也可以是方程组。根据拟合评估结果，对模型进行必要的修正，以使之达到最佳（王小干，2011；刘赫，2012）。

（2）模型拟合度评价。运用 AMOS19.0 软件，对模型进行拟合检验和评价。

（3）模型解释。对模型的结果进行分析和解释。

二 结构方程模型构建与分析

1. 模型建构与修正

根据前几章的模型检验和本章文献分析，首先，构建待检验的初始模型；其次，根据得到拟合评估结果，对模型进行必要的修正，如果假设路径不显著，从模型设定的简洁性来看，模型可以进一步简化，删除不显著的路径。同时，依照模型修正参考数据建立各变量描述项因子残差之间及描述变量之间相互关联，然后对模型重新进行检验，构建了最终修正模型（王小干，2011；刘赫，2012）。

2. 模型拟合度评价

采用 AMOS 19.0 通过假设模型验证得到模型合度指数结果（见表 8-1—表 8-6）；绝对适配度指数评价指标如下：χ^2/df（卡方自由度比）在 1 至 3 之间为简约适配程度或者大于 5 则模型需要修正、GFI（适配度指数）大于 0.90、AGFI（调整后适配度指数）大于 0.90、RMR（残差均方和平方根）小于 0.05（适配度良好）、RMSEA（渐进残差均方和平方根）小于 0.05（适配度良好）或者小于 0.08（适配合理）；增值适配度指数评价指标如下：NFI（规准适配指数）、NNFI（非规准适配指数）、CFI（比较适配指数）等指数值均需达到 0.90 以上则表示模型拟合度良好（吴卫平、樊葳葳、彭仁忠，2013）。

3. 模型解释

从表 8 - 1 可以看出，绝对适配度指数和增值适配度指数均在参考指标值范围之内，该模型符合 SEM 整体模型适配度的评价标准，表明中国大学生跨文化接触和跨文化能力关系结构模型路径图（见图 8 - 1）与其实际观测数据有良好的适配度。换言之，中国大学生跨文化接触与跨文化能力路径关系显著。

表 8 - 1　中国大学生跨文化接触与跨文化能力关系模型合度指数

指标	χ^2 / df	NFI	NNFI	CFI	GFI	AGFI	RMR	RMSA
参考值	1 - 3	> 0.90	> 0.90	> 0.90	> 0.90	> 0.90	< 0.05	< 0.05
指标值	1.86	0.917	0.933	0.939	0.946	0.912	0.042	0.040

注：χ^2 /df 的 P = 0.000 < 0.001。

从表 8 - 2 可以看出，绝对适配度指数和增值适配度指数均在参考指标值范围之内，该模型符合 SEM 整体模型适配度的评价标准，表明中国大学生跨文化接触和本国文化知识关系结构模型路径图（见图 8 - 2）与其实际观测数据有良好的适配度。换言之，中国大学生跨文化接触与本国文化知识路径关系显著。

表 8 - 2　中国大学生跨文化接触与本国文化知识关系模型合度指数

指标	χ^2 / df	NFI	NNFI	CFI	GFI	AGFI	RMR	RMSA
参考值	1 - 3	> 0.90	> 0.90	> 0.90	> 0.90	> 0.90	< 0.05	< 0.05
指标值	1.853	0.916	0.953	0.959	0.911	0.901	0.043	0.040

注：χ^2 /df 的 P = 0.000 < 0.001。

从表 8 - 3 可以看出，绝对适配度指数和增值适配度指数均在参考指标值范围之内，该模型符合 SEM 整体模型适配度的评价标准，表明中国大学生跨文化接触和外国文化知识关系结构模型路径图（见图 8 - 3）与其实际观测数据有良好的适配度。换言之，中国大学生跨文化接

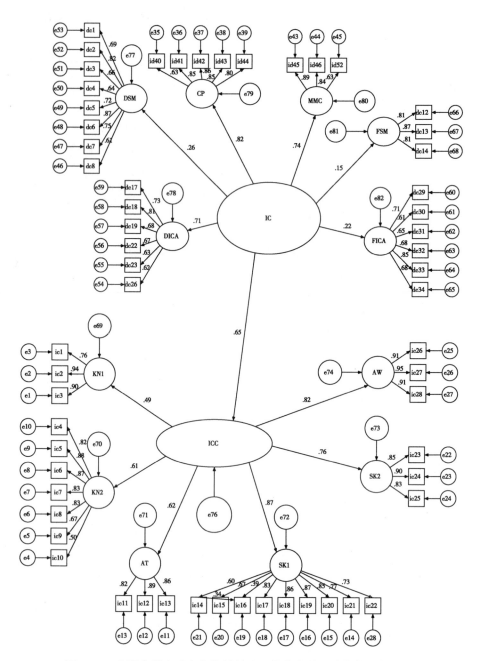

图 8-1　中国大学生跨文化接触与跨文化能力关系结构模型路径图

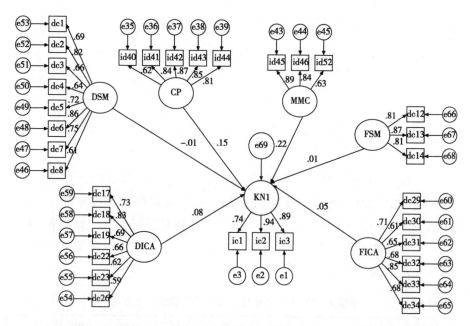

图 8 - 2　中国大学生跨文化接触与本国文化知识关系结构模型路径图

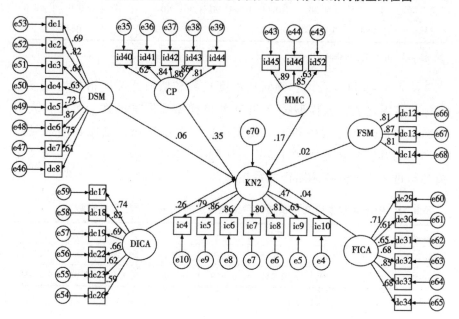

图 8 - 3　中国大学生跨文化接触与外国文化知识关系结构模型路径图

触与外国文化知识路径关系显著。

表8－3　中国大学生跨文化接触与外国文化知识关系模型合度指数

指标	χ^2 / df	NFI	NNFI	CFI	GFI	AGFI	RMR	RMSA
参考值	1－3	>0.90	>0.90	>0.90	>0.90	>0.90	<0.05	<0.05
指标值	1.791	0.914	0.954	0.960	0.903	0.905	0.044	0.039

注: χ^2 / df 的 P = 0.000 < 0.001。

从表8－4可以看出，绝对适配度指数和增值适配度指数均在参考指标值范围之内，该模型符合 SEM 整体模型适配度的评价标准，表明中国大学生跨文化接触和跨文化态度关系结构模型路径图（见图8－4）与其实际观测数据有良好的适配度。换言之，中国大学生跨文化接触与跨文化态度路径关系显著。

表8－4　中国大学生跨文化接触与态度关系模型合度指数

指标	χ^2 / df	NFI	NNFI	CFI	GFI	AGFI	RMR	RMSA
参考值	1－3	>0.90	>0.90	>0.90	>0.90	>0.90	<0.05	<0.05
指标值	1.769	0.919	0.957	0.963	0.915	0.902	0.044	0.038

注: χ^2 / df 的 P = 0.000 < 0.001。

从表8－5可以看出，绝对适配度指数和增值适配度指数均在参考指标值范围之内，该模型符合 SEM 整体模型适配度的评价标准，表明中国大学生跨文化接触和跨文化交流技能关系结构模型路径图（见图8－5）与其实际观测数据有良好的适配度。换言之，中国大学生跨文化接触与跨文化交流技能路径关系显著。

表8－5　中国大学生跨文化接触与跨文化交流技能关系模型合度指数

指标	χ^2 / df	NFI	NNFI	CFI	GFI	AGFI	RMR	RMSA
参考值	1－3	>0.90	>0.90	>0.90	>0.90	>0.90	<0.05	<0.05
指标值	1.775	0.911	0.952	0.959	0.900	0.901	0.047	0.038

注: χ^2 / df 的 P = 0.000 < 0.001。

从表8－6可以看出，绝对适配度指数和增值适配度指数均在参考指标值范围之内，该模型符合 SEM 整体模型适配度的评价标准，表明

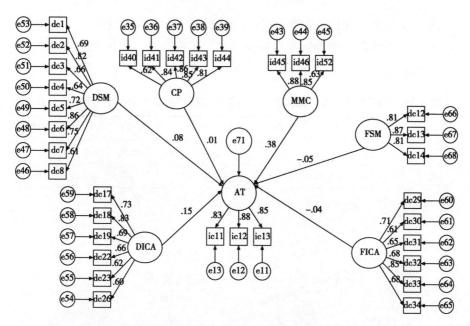

图 8-4　中国大学生跨文化接触与态度关系结构模型路径图

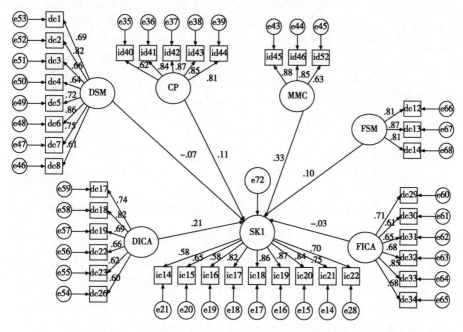

图 8-5　中国大学生跨文化接触与跨文化交流技能关系结构模型路径图

中国大学生跨文化接触和跨文化认知技能关系结构模型路径图（见图 8 - 6）与其实际观测数据有良好的适配度。换言之，中国大学生跨文化接触与跨文化认知技能路径关系显著。

表 8 - 6　中国大学生跨文化接触与跨文化认知技能关系模型合度指数

指标	χ^2 / df	NFI	NNFI	CFI	GFI	AGFI	RMR	RMSA
参考值	1 - 3	> 0.90	> 0.90	> 0.90	> 0.90	> 0.90	< 0.05	< 0.05
指标值	1.884	0.914	0.951	0.958	0.911	0.903	0.044	0.041

注：χ^2 /df 的 P = 0.000 < 0.001。

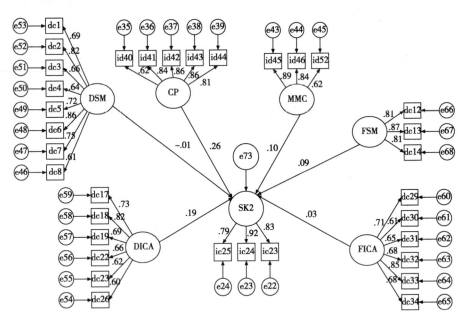

图 8 - 6　中国大学生跨文化接触与跨文化认知技能关系结构模型路径图

从表 8 - 7 可以看出，绝对适配度指数和增值适配度指数均在参考指标值范围之内，该模型符合 SEM 整体模型适配度的评价标准，表明中国大学生跨文化接触和跨文化意识关系结构模型路径图（见图 8 - 7）与其实际观测数据有良好的适配度。换言之，中国大学生跨文化接触与跨文化意识路径关系显著。

表8－7　　　中国大学生跨文化接触与跨文化意识关系模型合度指数

指标	χ^2 / df	NFI	NNFI	CFI	GFI	AGFI	RMR	RMSA
参考值	1－3	＞0.90	＞0.90	＞0.90	＞0.90	＞0.90	＜0.05	＜0.05
指标值	1.90	0.918	0.95	0.959	0.909	0.900	0.044	0.041

注：χ^2/df 的 P＝0.000＜0.001。

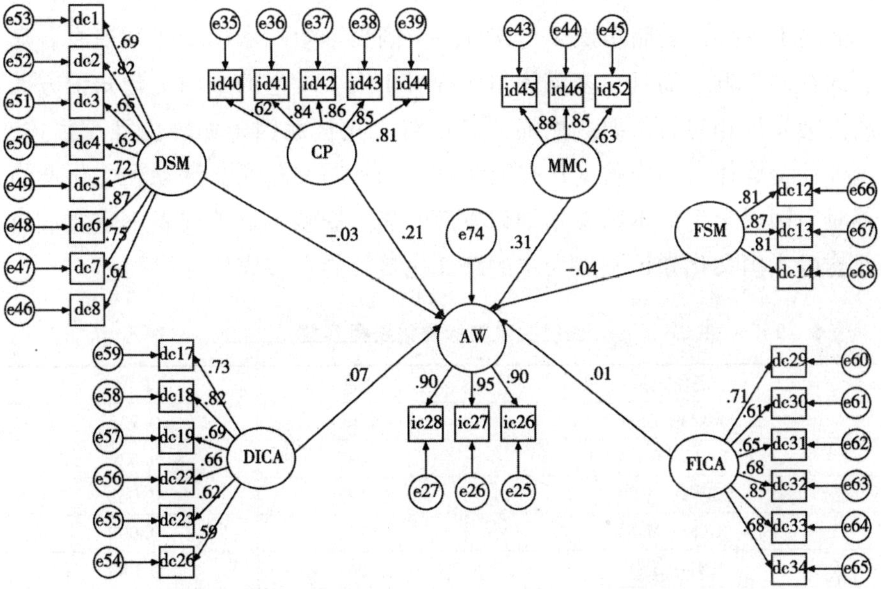

图8－7　中国大学生跨文化接触与跨文化意识关系结构模型路径图

三　结果与讨论

　　跨文化接触与跨文化能力及其六个维度的路径关系各有不同。通过以下列表中各变量之间路径关系与路径系数可以看出其在各自路径关系中的相对重要性程度，而且，P 值若小于 0.01，则表示路径关系显著。从以下列表中分别讨论和分析以跨文化能力及其六个维度为主的跨文化接触各影响因子之间关系是否显著及其重要性程度。

　　从表8－8 可以发现，P 值小于 0.01，支持 H0 假设，表明中国大学生跨文化接触对其跨文化能力有着显著的正向影响。而且，中国大学生跨文化接触对其跨文化能力的影响作用较强。

表 8 - 8   路径关系与标准化路径系数

路径关系	路径系数	P 值
ICC← IC	0.624	0.000

注：P <0.01。

从表 8 - 9 可以发现，P 值小于 0.01 的跨文化接触因子为 MMC，即多媒体与课程，支持 H1f 假设，对其他假设如 H1a、H1b、H1c、H1d、H1e 均不支持，表明多媒体与课程对中国大学生的本国文化知识有着显著的正向影响。而且，多媒体与课程对中国大学生的本国文化知识方面的能力发展相对较重要。然而，其他跨文化接触因子如国内社交媒体、国外社交媒体、国内跨文化交流活动、国外跨文化交流活动和文化产品等对中国大学生的本国文化知识方面的能力影响不显著或者不重要。由此，以本国文化知识发展为主的跨文化接触是：多媒体与课程。

表 8 - 9   路径关系与标准化路径系数

路径关系	路径系数	P 值
KN1← DSM	− 0.004	0.953
KN1← DICA	0.047	0.520
KN1← CP	0.144	0.062
KN1← MMC	0.212	0.002
KN1← FSM	0.001	0.983
KN1← FICA	0.057	0.302

注：P <0.01。

从表 8 - 10 可以发现，P 值小于 0.01 的跨文化接触因子为 DICA 和 CP，即国内跨文化交流活动和文化产品，支持 H2c 和 H2e 假设，对其他假设如 H2a、H2b、H2d、H2f 均不支持，表明国内跨文化交流活动和文化产品对中国大学生的外国文化知识有着显著的正向影响。而且，国内跨文化交流活动和文化产品对中国大学生的本国文化知识方面的能力发展相对较重要。然而，其他跨文化接触因子如国内社交媒体、国外社交媒体、国外跨文化交流活动和多媒体与课程等对中国大学生的外国文化知识方面的能力影响不显著或者不重要。由此，以外国文化知识发展为主的跨文化接触是：国内跨文化交流活动和文化产品。

表 8 - 10　　　　　　　　　路径关系与标准化路径系数

路径关系	路径系数	P 值
KN2← DICA	0.263	0.000
KN2← DSM	0.023	0.681
KN2← CP	0.282	0.000
KN2← MMC	0.126	0.037
KN2← FSM	0.027	0.595
KN2← FICA	0.026	0.602

注：P < 0.01。

从表 8 - 11 可以发现，P 值小于 0.01 的跨文化接触因子为 MMC，即多媒体与课程，支持 H3f 假设，对其他假设如 H3a、H3b、H3c、H3d、H3e 均不支持，表明多媒体与课程对中国大学生的跨文化态度有着显著的正向影响。而且，多媒体与课程对中国大学生的跨文化态度方面的能力发展相对较重要。然而，其他跨文化接触因子如国内社交媒体、国外社交媒体、国内跨文化交流活动、国外跨文化交流活动和文化产品等对中国大学生的跨文化态度方面的能力影响不显著或者不重要。由此，以跨文化态度发展为主的跨文化接触是：多媒体与课程。

表 8 - 11　　　　　　　　　路径关系与标准化路径系数

路径关系	路径系数	P 值
AT← DSM	0.075	0.238
AT← DICA	0.168	0.022
AT← CP	- 0.069	0.373
AT← MMC	0.396	0.000
AT← FSM	- 0.061	0.289
AT← FICA	- 0.047	0.393

注：P < 0.01。

从表 8 - 12 可以发现，P 值小于 0.01 的跨文化接触因子为 DICA 和 MMC，即国内跨文化交流活动和多媒体与课程，支持 H4c 和 H4f 假设，对其他假设如 H4a、H4b、H4d、H4e 均不支持，表明国内跨文化交流活动和多媒体与课程对中国大学生的跨文化交流技能有着显著的正向影响。而且，国内跨文化交流活动和多媒体与课程对中国大学生的跨文化交流技能方面的能力发展相对较重要。然而，其他跨文化接触因子如国内社交媒体、国外社交媒体、国外跨文化交流活动和文化产品等对中国大学生的跨文化交流技能方面的能力影响不显著或者不重要。由此，以跨文化交流技能发展为主的跨文化接触是：国内跨文化交流活动和多媒体与课程。

表 8-12　　　　　　　路径关系与标准化路径系数

路径关系	路径系数	P 值
SK1← DSM	− 0.096	0.114
SK1← DICA	0.247	0.000
SK1← CP	0.035	0.626
SK1← MMC	0.320	0.000
SK1← FSM	0.102	0.064
SK1← FICA	− 0.021	0.681

注：P < 0.01。

从表 8-13 可以发现，P 值小于 0.01 的跨文化接触因子为 CP，即文化产品，支持 H5e 假设，对其他假设如 H5a、H5b、H5c、H5d、H5f 均不支持，表明文化产品对中国大学生的跨文化认知技能有着显著的正向影响。而且，文化产品对中国大学生的跨文化认知技能方面的能力发展相对较重要。然而，其他跨文化接触因子如国内社交媒体、国外社交媒体、国内跨文化交流活动、国外跨文化交流活动和多媒体与课程等对中国大学生的跨文化认知技能方面的能力影响不显著或者不重要。由此，以跨文化认知技能发展为主的跨文化接触是：文化产品。

表 8-13　　　　　　　路径关系与标准化路径系数

路径关系	路径系数	P 值
SK2← DSM	− 0.025	0.691
SK2← DICA	0.174	0.016
SK2← CP	0.229	0.003
SK2← MMC	0.081	0.216
SK2← FSM	0.081	0.081
SK2← FICA	0.033	0.033

注：P < 0.01。

从表 8 - 14 可以发现，P 值小于 0. 01 的跨文化接触因子为 MMC，即多媒体与课程，支持 H6f 假设，对其他假设如 H6a、H6b、H6c、H6d、H6e 均不支持，表明多媒体与课程对中国大学生的跨文化意识有着显著的正向影响。而且，多媒体与课程对中国大学生的跨文化意识方面的能力发展相对较重要。然而，其他跨文化接触因子如国内社交媒体、国外社交媒体、国内跨文化交流活动、国外跨文化交流活动和文化产品等对中国大学生的跨文化意识方面的能力影响不显著或者不重要。由此，以跨文化意识发展为主的跨文化接触是：多媒体与课程。

表 8 - 14　　　　　　　　　路径关系与标准化路径系数

路径关系	路径系数	P 值
AW← DSM	− 0. 027	0. 655
AW← CP	0. 168	0. 022
AW← DICA	0. 059	0. 390
AW← MMC	0. 301	0. 000
AW← FSM	− 0. 048	0. 385
AW← FICA	0. 020	0. 703

注：P < 0. 01。

第三节　本章小结

本章主要基于前两章的理论框架与模型分析，采用 AMOS19. 0 软件构建结构方程模型并对操作模型的主要适配度指数进行检验与分析，通过模型修正后拟合度结果较好地符合了研究预期。通过考察中国大学生跨文化接触对其跨文化能力的影响作用机理，本书对所有假设进行了分析和验证，结果发现，中国大学生跨文化接触对其跨文化能力有着显著的正向影响，同时，跨文化接触与跨文化能力及其六个维度的路径关系各有不同，其中，以本国文化知识发展为主的跨文化接触包括多媒体与课程，以外国文化知识发展为主的跨文化接触包括国内跨文化交流活动和文化产品，以跨文化态度发展为主的跨文化接触包含多媒体与课程，以跨文化交流技能发展为主的跨文化接触包括国内跨文化交流活动和多媒体与课程，以跨文化认知技能发展为主的跨文化接触包含文化产品，以跨文化意识发展为主的跨文化接触包括多媒体与课程。

第九章

大学生跨文化能力发展路径与
英语语言能力的相关关系

第一节 文化与语言的关系理论背景

语言与文化的关系密切，有关两者关系的论述可以追溯到 20 世纪20 年代，美国语言学家 Sapir（1921）在《语言》一书中提出，语言是不能脱离文化而独立存在的。沃尔夫假说（Sapir－Whorf Hypothesis）是研究语言、文化和思维三者关系的重要理论，即在不同文化中，不同语言的结构、意义和使用等方面的差异，对使用者的思维方式有很大的影响。"萨丕尔—沃尔夫假说"的核心为人类的语言影响人类感知现实。他们认为现实世界在很大程度上是建立在人的语言习惯上的，而这往往是人察觉不到的；"萨丕尔—沃尔夫假说"让人们对语言与思维、语言与文化间的关系有了进一步的认识，使人们转向关注文化对语言的影响及对思维的影响。此外，假说也指出了不同语义系统的差别，表示语言模式与思维模式相关。这一假说对人类学、社会学、语言学和语言教学等领域都影响深远。

语言与文化相当于部分与整体，是一种包含或所属关系。作为社会文化的重要组成成分，语言存在着与文化相同的一些特点。（1）精神财富，文化可以看成是物质财富和精神财富的结合体。而语言就属于精神财富这部分，是人类创造的、特有的、用于人类交流的精神财富，随着人类社会的发展不断发展。（2）后天习得，正如文化是日积月累形成的，语言也不是生而俱有的，是非遗传的，它是通过后天学习而获得的。（3）共享性，与文化相同，语言也是社会公共财富，为某一个文化团体所共有，每个文化团体都有一套共享的语言系统。语言与文化是对立统一的关系。思维是文化的一种体现，文化离不开思维（精神文化与物质文化分别是思维的直接产物、间接产物），因此可以通过阐释语言与思维的关系来理解语言和文化的关系。作为思维的工具，语言在一定程度上对思维产生影响，制约着思维的模式、广度和深度。反过来，思维的发展也会带动语言的发展。当现有的语言形式无法准确完整地表达思维时，思维表达受到阻碍无法顺利进行，这个时候人类就会根据思维的发展改造旧的语言形式或者创造新的语言形式，语言便得到发展。故而，语言影响、制约思维，思维也会反作用于语言（刘海南，2000；黄淑玲，2002；郭讯枝，2004）。

虽然人们赞成语言与文化密切相关这一说法，但人们认同语言与文化有着紧密联系的时候，从事跨文化研究的许多学者们却经常忽视文化与语言水平关联性，而且，语言学家们也同样会忽视语言水平对跨文化能力产生的影响作用（刘海南，2000；黄淑玲，2002；郭讯枝，2004）。由此，美国外语教学委员会曾设计了语言水平量表用来判断语言在多大程度上和跨文化能力发展相关联以及如何影响其发展。国内有学者如刘宝权从国内文化教学与语言能力入手，探讨和分析了跨文化能力与语言能力的接口问题。同样，一些学者还研究了参与跨文化交流的经历会如何促进语言能力的提高。目前，跨文化能力发展与外语语言能力的相关关系如何已成为学者们研究的焦点话题。

第二节　大学生跨文化发展路径与英语语言能力的相关性实证分析

一　研究设计

1. 研究问题

本书主要回答以下两个问题：

（1）中国大学生跨文化能力各主要路径与英语语言能力的发展现

状如何？

（2）中国大学生跨文化能力各主要路径与英语语言能力的相关关系如何？

2．研究样本

本书的样本来自武汉地区五所综合性大学的 200 名大学生。以上研究样本所学的专业分别为电子、材料、经济、管理、电气、通信、光电、中文、新闻、法律、建筑、能源和机械等，而且，经过筛选，所有样本均参加过托福考试，文科学生所占比例为 31%，理工科占 65%，其他学科占 4%。

3．调查工具

本书采用了吴卫平、樊葳葳、彭仁忠（2013）的中国大学生跨文化能力（ICC）自评量表。问卷包括两个部分：第一部分为大学生个人信息，包括性别、年级、专业、托福成绩、出国经历及跨文化接触经历等等；第二部分为跨文化能力自评量表，包括 6 个主要因子（本国文化知识、外国文化知识、态度、跨文化交流技能、跨文化认知技能、意识）及 28 个描述项，采用莱克特量表分级计分方法，从"1"到"5"依次计分，"1"代表"非常弱/些微"，"2"代表"较弱/一点"，"3"代表"一般/一些"，"4"代表"较强/较多"，"5"代表"非常强/非常多"。

4．数据收集与分析

本书通过学生课堂发放问卷 200 份，其中五所大学中每所学校发放 40 份，共回收实际有效问卷 200 份，有效率为 100%。将收回的 200 份问卷数据输入电脑并使用 SPSS19.0 对数据进行统计分析。一方面，对大学生跨文化能力和英语语言能力进行了描述性统计分析；另一方面，运用皮尔逊相关分析大学生跨文化能力和英语语言能力的相关关系。

二 研究结果与讨论

从表 9 - 1 可以看出，大学生的托福成绩均值为 93.39 分，表明所有样本的英语语言水平处于较高水平。而大学生的跨文化能力均值为 3.13，表明所有样本的跨文化能力整体处于一般水平。而且，就大学生的跨文化能力各发展路径来看，所有样本在态度方面分值为 4.02，在六类跨文化能力发展路径中分值最高，表明所有样本大学生在跨文化态度方面的能力最强，具体表现在如跨文化交流和学习的意愿，尊重外国人的生活方式和习俗，学好外国语言和文化的意愿等方面。相比之下，所有样本在外国文化知识方面分值为 2.27，在六类跨文化能力发展路径中分值最低，表明所有样本大学生在外国文化知识方面的能力最弱，包括外国的历史知识、社会规范知识、价值观知识、文化禁忌知识、言语行为知识、文化交流和跨文化传播基本知识、跨文化交流的策略和技巧等方面。跨文化能力其他路径均值在 3.00 和 3.47 范围内，表明大学生在本国文化知识、跨文化交流技能、跨文化认知技能和意识四个方面处于一般水平。

表 9-1　　大学生英语语言能力、跨文化能力及各发展路径的描述统计量

	样本人数	极小值	极大值	均值	标准差
托福	200	66	109	93.39	8.358
本国文化知识	200	1	5	3.29	0.735
外国文化知识	200	1	5	2.27	0.793
态度	200	1	5	4.02	0.769
跨文化交流技能	200	1	5	3.27	0.786
跨文化认知技能	200	1	5	3.00	0.904
意识	200	1	5	3.47	0.911
跨文化能力	200	2	5	3.13	0.603
有效的样本人数（列表状态）	200				

表 9-2　　　　大学生跨文化能力和英语语言能力相关性

		托福	跨文化能力
托福	Pearson 相关性	1	0.216**
	显著性（双侧）		0.002
	样本人数	200	200
跨文化能力	Pearson 相关性	0.216**	1
	显著性（双侧）	0.002	
	样本人数	200	200

注：** 在 0.01 水平（双侧）上显著相关。

从表9-2可以看出，大学生的托福成绩与其跨文化能力的相关系数为0.216，在0.01水平（双侧）上显著相关，两者之间存在正相关关系。由此表明，大学生跨文化能力与英语语言能力之间总体存在着相互促进的关系。

表9-3　　　　大学生跨文化能力各路径和英语语言能力的相关性

托福	Pearson 相关性	1	-0.013	0.177*	0.162*	0.230**	0.167*	0.075
	显著性（双侧）		0.857	0.011	0.022	0.001	0.018	0.288
	样本人数	200	200	200	200	200	200	200

注：* 在 0.05 水平（双侧）上显著相关。** 在 0.01 水平（双侧）上显著相关。

从表9-3可以看出，大学生的托福成绩与其跨文化能力的相关系数分别为：本国文化知识-0.013，外国文化知识0.177，态度0.162，跨文化交流技能0.230，跨文化认知技能0.167，意识0.075，其中所有样本的外国文化知识、态度、跨文化交流技能和跨文化认知技能四个路径分别与其托福成绩在0.01水平（双侧）和0.05水平（双侧）上有着显著正相关关系，而他们的本国文化知识和意识两个路径与其托福成绩在0.01水平（双侧）和0.05水平（双侧）上未达到显著相关水平。由此表明，大学生外国文化知识、态度、跨文化交流技能和跨文化认知技能四个路径的发展有助于英语语言能力的发展，而他们的本国文化知识和意识两个路径的发展对英语语言能力的发展没有明显的影响作用。

第三节　本章小结

本章通过实证研究发现，大学生跨文化能力发展路径与英语语言能力之间总体存在着相互促进的关系。而且，就大学生的跨文化能力各发展路径来看，大学生外国文化知识、态度、跨文化交流技能和跨文化认知技能四个路径的发展有助于英语语言能力的发展，但是本国文化知识和意识两个路径的发展对英语语言能力的发展没有明显的影响作用。本书为以培养大学生跨文化能力为目标的外语教学模式及方法研究提供了一些实证数据支撑。但是，后续研究仍需要进一步分析和探索外语教学模式中如何通过培养跨文化能力的发展路径促进英语听、说、读、写能力的发展。

第十章

总结与展望

第一节 总结

本书主要围绕中国大学生跨文化能力发展路径进行了一系列研究，其中包括国内外跨文化能力与跨文化接触研究概述、中国大学生跨文化能力情况调查、影响中国大学生跨文化能力的跨文化接触情况调查、中国大学生跨文化接触与跨文化能力相关性研究、中国大学生跨文化能力的构成要素及路径分析、中国大学生跨文化接触的重要性及路径分析，以及中国大学生跨文化发展路径与英语能力的相关关系八个方面，其主要内容与研究结论如下：

1. 国内外跨文化能力与跨文化接触研究概述

（1）国内外跨文化能力研究述评

为了更广泛更全面地定义和阐释跨文化能力，本书对一些概念分别进行了讨论，其中包括文化、交际、跨文化交际、跨文化交际能力等，这些概念与跨文化能力有着密切的关系，有助于更好地理解跨文化能力。通过文献调研和文献综述发现，大多数学者在跨文化能力的定义中均包含两个要点：一是跨文化能力体现在特定的文化情境中；二是跨文化能力是为了实现有效得体的交流。同时，在跨文化能力构成要素的理论探讨中，知识、技能和态度被广泛地认为是跨文化能力的基本组成成分。本书基于国内外著名学者对于跨文化能力的定义，对跨文化能力做出如下定义：人们通过在不同的跨文化环境中成功运用个人内部特性（如本国文化知识、外国文化知识、态度、跨文化交流技能、跨文化认知技能以及意识等），可以与来自不同语言和文化的人们进行有效且恰当的交际的能力。

（2）国内外跨文化接触研究综述

国外学者关于海外经历的直接接触对学生的跨文化能力的影响研究，Kormos 和 Csizer（2006）从二语习得的角度研究了国外经历对跨文化能力的影响，其结果表明，跨文化接触促进学生跨文化能力的发展，提高了他们的积极性，并减少了他们在二语学习过程中的语言使用焦虑。Jackson（2006）通过对在英国交换五周的中国香港学生进行案例研究，发现这样的海外经历能产生积极效果，提高了学生们的跨文化敏感度。此外，也有一些学者通过基于网络的渠道对直接接触进行研究，并证明与来自不同文化背景的人通过网络渠道进行跨文化接触有助于提高学生的跨文化能力。Dowd（2007）通过在将英语作为非母语的德国大学课堂中进行的定性研究，探索在线跨文化交流的结果，通过网络通信平台，如电子邮件、网络论坛和视频会议，在爱尔兰和美国的合作课堂上进行在线交流，结果表明，这种虚拟的跨文化接触（电子邮件、网络论坛和视频会议）可以促进学生跨文化能力的发展。此外，Campbell（2003）证明了基于网络的博客互动对学生的跨文化能力发展有积极影响。

一些国内学者如胡文仲（1999）曾指出与说本族语人的直接接触和直接接触目标文化，是提高一个人跨文化能力的最佳途径。其他学者如张丹和丁美萍（2010：221）通过问卷调查发现，有着国际交流经验的学生在"跨文化意识、英语水平、学术研究趋势和文献搜索"方面比没有经验的学生表现得更好。此外，王天君（2010）通过对 20 名大学生进行一对一的深入访谈，发现中国大学生和外国人在校园内的跨文化接触互动非常少且这种接触往往停留在表面，本国学生的文化构建受到本国价值观以及他们所在大学环境的严重影响；黄媛媛（2012）采用访谈和问卷调查相结合的方法，对来自非英语专业的参加国际交流项目的 50 名学生和来自非英语专业的没有海外经历的 52 名学生进行了比较研究，结果发现通过国际交流计划，不同文化团体之间的接触可以促进学生跨文化能力的提高。但是，关于间接接触对学生跨文化能力影响的相关研究却相对较少。这些研究表明，间接接触增强了学生的跨文化能力发展。

　　另外，有些学者通过基于网络的跨文化交际，研究间接接触，发现间接接触对学生的跨文化交际能力产生积极影响。例如，Liaw（2006）认为，在线阅读环境和电子论坛的构建，增加了学生们对自己和外国文化的了解以及对跨文化交际过程的认识，同时增强了他们了解不同文化人们生活方式的兴趣以及面对不同文化问题转换文化视角的能力，有利于学生的跨文化能力发展。Gómez 和 Fernando（2012）在哥伦比亚 Bogotá 一所大学的高级英语课堂上开展了一个语言项目，研究阅读规范的文学作品是否有利于促进跨文化交际能力的发展，结果表明，阅读规范的文学作品是培养学生跨文化能力的有效途径，因为它不仅是一种交际阅读实践，也为学生们通过与不同的文化进行互动从而建构文化知识提供了一个机会。而且，其他一些学者研究文化产品和社交媒体如电视节目、电影等类型的间接接触，并且发现通过文化产品类的间接接触有助于增强学生的跨文化交际能力。

　　国内外的研究侧重于跨文化直接接触方面的研究，如通过海外交流计划等与英语为母语者直接语言接触，或通过电子邮件、博客等方式进行跨文化接触。相比之下，跨文化间接接触方面的研究较少。

　　2. 中国大学生跨文化能力现状调查

　　21 世纪以来，随着世界全球化和中国国际化的日益发展，中国需要更多具有跨文化能力的国际化人才，这对人才的成长和培养模式提出了前所未有的挑战。本书以全国十所综合性大学的 1350 名一年级至四年级大学生为研究样本，结合问卷与访谈等调查方法对中国大学生跨文化能力进行了一次实证调查分析，研究结果发现，大学生普遍认为自己对外国文化知识掌握不足，同时，在跨文化交流出现误解时与对方协商、出现语言交流障碍时借助身体语言或其他非语言方式进行交流、使用外语和来自不同社会文化背景和领域的人成功地进行交流、对跨文化差异的敏感性以及看待其他国家发生的事件时会从对方文化和多角度看问题等方面的能力均较弱，在跨文化认知技能方面的能力也普遍偏低，在跨文化意识方面能力较弱，尤其在审视不同跨文化交流情景时要从不同文化视角分析问题的意识较弱。

3. 影响中国大学生跨文化能力的跨文化接触情况调查

本书采用定性和定量结合的研究方法，对全国 40 位中国大学生展开线下和线上两种形式的一对一半结构化深度访谈，及对全国 1500 位大学生进行问卷调查，回收有效问卷 1350 份。该问卷包含跨文化接触问卷及跨文化能力自评问卷两部分：调查结果显示跨文化接触问卷的 Cronbach α 系数为 0.937，表明该跨文化接触问卷具有较高的信度和效度；跨文化能力问卷基于吴卫平、樊葳葳、彭仁忠（2013）的中国大学生跨文化能力自评问卷，具有较高的效度和信度。本书采用了描述性统计分析以了解中国大学生跨文化接触方式的现状；相关性分析以了解中国大学生的跨文化接触方式与其跨文化能力的关系。

研究结果表明：（1）中国大学生目前最主要的跨文化接触方式是间接接触，其中以通过文化产品类的间接接触（譬如电视节目、互联网、书籍、报纸杂志及影视音乐等）最为频繁；相比较下，中国大学生的直接接触经历（包括直接的口语接触和直接的书面语接触）普遍较少。（2）除了海外实习经历对学生的本国文化知识造成负面影响以外，中国大学生目前绝大部分的直接接触（包括直接口语接触和直接书面语接触）方式有利于促进他们跨文化能力六个层面（本国文化知识、外国文化知识、态度、跨文化交际技能、跨文化认知技能、意识）的显著提升，这些直接接触方式有：直接口语接触中的海外经历（国际夏令营、国际冬令营、海外旅游），在国内使用聊天工具（QQ 电话、We-Chat 电话、Skype 视频），在国内参加与英语相关的活动（外国节日庆祝活动、外国文化展览、国际留学会展、有外国人参与的英语角、外事翻译实践、国际志愿者、国际会议、有外国人参与的体育活动如踢足球），在国内选修英语相关课程或听英语相关讲座（外国人主讲的文化讲座、英语培训机构的外教课），在国内和校园里的外国人沟通以及在国内参加外资企业实习等经历；直接书面语接触中的在国内使用聊天工具打字聊天（QQ、MSN、WeChat、Facebook、LinkedIn），在国内使用基于网络的微博打字聊天和电子邮件，以及和外国人书信往来等经历。其余的直接接触方式则对他们的跨文化能力（本国文化知识、外国文知识、态度、跨文化交际技能、跨文化认知技能、意识）无影响。
（3）除了通过参加模拟联合国这类间接人际接触方式对中国大学生跨文化能力的意识层面无影响以外，其余的间接接触（包括间接人际接触和间接的文化产品类接触）方式均有利于促进他们跨文化能力六个层面（本国文化知识、外国文化知识、态度、跨文化交际技能、跨文化认知技能和意识）的显著提升，其中：间接人际接触中通过家人、朋友和老师了解外国文化，在国内参加与英语相关的活动（模拟联合国、英语戏剧社或英语辩论队等社团活动、中国学生组织与参与的英语角），在国内选修英语相关课程或听英语相关讲座（外国人主讲的文化讲座、外国文化课程、大学英语课程）等经历，以及所有的间接文化产品类接触（观看英语类电视节目、在线网络课程、纸质及电子档书籍、纸质及电子档杂志、英语电影和英文歌）等经历，均对中国大学生的跨文化能力（本国文化知识、外国文化知识、态度、跨文化交际技能、跨文化认知技能、意识）有显著提升。

本书对跨文化能力理论研究有指导意义。研究结果不仅有利于了解当前大学生的跨文化接触现状以及已有跨文化接触方式对中国大学生们跨文化能力的影响从而促进中国大学生跨文化能力的发展，还有利于为制订跨文化能力培养方案提供指引。

4. 中国大学生跨文化接触与跨文化能力相关性研究

本书通过实证数据调查与分析了大学生跨文化接触与其跨文化能力之间是否存在显著相关关系。通过皮尔逊相关分析结果发现，所有直接口语接触与大学生跨文化能力中"外国文化知识"和"跨文化交际技能"等均有显著正相关关系。同时，直接口语接触中除了"到国外通过参加国外带薪实习"和"在国内通过参加同声翻译实践活动"等接触方式外，其他直接接触方式与大学生"跨文化认知技能"均有显著正相关关系。然而，所有直接口语接触与大学生跨文化能力中"本国文化知识"均无显著相关关系。而且，大部分直接口语接触方式与大学生跨文化"态度"和"意识"均无显著相关关系。间接文化产品类接触与其跨文化能力有显著正相关关系，间接人际接触中大多数接触方式与其跨文化能力也存在显著正相关关系，但是间接人际接触中如参加模拟

联合国活动、英语社团/协会和英语角活动等人际接触方式与其跨文化
"态度"和"意识"无显著正相关关系。本书的结论为国内跨文化相关
研究提供重要的理论基础，并为高等学校国际化人才培养计划制订提供
一定参考。

5. 中国大学生跨文化能力的构成要素及路径分析

本书主要对中国大学生跨文化能力量表的信度和效度重新进行了检
验，并对中国大学生跨文化能力主要路径及其重要性进行了细致的讨论
和分析。首先，通过对吴卫平等（2013）的中国大学生跨文化能力理
论及相关文献理论的分析，为研究中国大学生跨文化能力发展的主要路
径及其重要性做了铺垫。其次，通过收集的问卷数据对中国大学生跨文
化能力量表的信度和效度进行了检验，并证实了该量表具有较好的信度
和效度。同时，通过对该量表的结构方程模型拟合数据的深度挖掘发
现，在中国大学生跨文化能力发展的六个主要路径中，跨文化交流技能
和跨文化意识两个路径重要性最高，跨文化认知技能重要性居其次，外
国文化知识和态度重要性一般，相比之下，本国文化知识重要性最弱。

6. 中国大学生跨文化接触的重要性及路径分析

本书基于跨文化接触理论范式及相关文献综述构建中国大学生跨文
化接触概念模型及维度量表，并探索跨文化能力视域下中国大学生跨文
化接触路径及其重要性。本书通过探索性因子分析和验证性因子分析的
方法，对问卷数据的信度和效度进行了一系列分析，证实了中国大学生
跨文化接触量表具有良好的信度和效度。同时，运用结构方程模型数据
对跨文化能力视域下中国大学生跨文化接触的主要路径及其重要性进行
分析表明：在跨文化直接接触四种路径中，国内社交媒体相对最重要，
国外社交媒体相对较重要，国外跨文化交流活动重要性一般，国内跨文
化交流活动相对重要性最弱。在跨文化间接接触两种路径中，文化产品
相对更重要，多媒体与课程重要性一般。而且，研究发现以上六种路径
均有助于跨文化能力的提高。研究结论为从事跨文化研究学者们提供了
重要的理论基础，同时为国际化教育培养计划的制订提供参考。

7. 中国大学生跨文化接触与跨文化能力关系路径分析

本书主要基于前两章的理论框架与模型分析，采用 AMOS19.0 软件

构建结构方程模型并对操作模型的主要适配度指数进行检验与分析，通过模型修正后拟合度结果较好地达到了研究预期。通过考察中国大学生跨文化接触对其跨文化能力的影响作用机理，本书对所有假设进行了分析和验证，结果发现，中国大学生跨文化接触对其跨文化能力有着显著的正向影响。另外，跨文化接触与跨文化能力六个维度的路径关系各有不同。其中，以本国文化知识发展为主的跨文化接触包括多媒体与课程，以外国文化知识发展为主的跨文化接触包括国内跨文化交流活动和文化产品，以跨文化态度发展为主的跨文化接触包含多媒体与课程，以跨文化交流技能发展为主的跨文化接触包括国内跨文化交流活动和多媒体与课程，以跨文化认知技能发展为主的跨文化接触包含文化产品，以跨文化意识发展为主的跨文化接触包括多媒体与课程。

8. 中国大学生跨文化能力发展路径与英语语言能力的相关关系

本书通过实证研究发现，大学生跨文化能力发展路径与英语语言能力之间总体存在着相互促进的关系。而且，就大学生的跨文化能力各发展路径来看，大学生外国文化知识、态度、跨文化交流技能和跨文化认知技能四个路径的发展对英语语言能力的发展产生积极影响，而他们的本国文化知识和意识两个路径的发展对英语语言能力的发展没有明显的影响作用。

综上所述，第一本书对近三十年国内外跨文化能力的内涵和构成要素、跨文化接触理论与分类及跨文化接触对跨文化能力的影响作用研究等方面的研究成果进行了一次较为细致的梳理，可以为国内外跨文化研究学者们提供理论参考。第二，通过实证调研认识和了解中国大学生跨文化能力的现状与不足，有助于各高校反思和改进传统教学方法，在已有教学模式的基础上进行创新，探索更多的像以文化知识传授为主的教学模式等，同时开设中外文化对比等相关课程，从而有助于培养大学生的跨文化意识、平等意识、文化理解和包容意识等。第三，对影响中国大学生跨文化能力的跨文化接触情况进行了实证调查与分析，不仅有利于了解当前大学生的跨文化接触现状以及已有的跨文化接触方式对中国大学生们跨文化能力的影响，为国际化教育培养计划制订提供参考，同时还有利于为制订跨文化能力培养方案提供借鉴。第四，通过实证数据调查与分析了大学生跨文化接触与其跨文化能力之间是否存在显著相关关系。为国内跨文化相关研究提供重要的理论基础，并为高等学校国际化人才培养计划的制订提供一定参考。第五，对中国大学生跨文化能力构成要素及路径的分析为中国大学生跨文化能力的培养计划制订提供有力的理论支撑，还为国际化人才的选拔、任用和绩效评价提供一种新的视角。第六，对中国大学生跨文化接触的重要性及路径的分析不仅为国内学者们研究跨文化能力提供一种新的理论研究方向，而且可以指导外语教学，从而有效地培养学生的跨文化能力。第七，对中国大学生跨文化接触与跨文化能力关系路径模型的分析有助于高校本科生课程大纲和培养计划的制订，同时也有助于师生了解跨文化接触的重要性及具体路径而达到提高其跨文化能力的最终目的。第八，对中国大学生跨文化能力发展路径与英语语言能力的相关关系研究为以培养大学生跨文化能力为目标的外语教学模式及方法研究提供一些实证数据支撑。

第二节　局限性

当然，本书还存在一些不足之处，尚需后期更深入研究的问题：一是本书样本的选择有一定的局限性。譬如，尽管调查的样本覆盖了北京、上海、广州、武汉四地学校的学生，但是本书未将地区因素作为调节变量纳入研究内容范围。通过收集的数据分析发现，北、上、广三地所在大学的学生相较来自内地城市的学生而言，具有更多的跨文化接触机会。因此，本书采用的研究样本在跨文化能力发展与跨文化接触方面存在某些区域差异，需要未来进一步探讨和研究。二是在后续研究中，本书跨文化接触量表还需要更多的样本和数据进行验证和分析，从而让其更深入更细分更全面地收集到研究样本的有效准确数据。三是由于跨文化能力评估工作的系统性和复杂性，所以研究样本对跨文化能力的内涵了解存在偏差，可能会影响一些数据的反馈。本书中采用的跨文化能力量表属于间接评价方式。而自我评价存在一个潜在性的问题：即使参与者有意愿积极参与研究调查并诚实地反馈信息，但由于他们无法正确认清自己等主观原因或其他一些客观原因，他们最终可能还是无法准确地给予关于自身跨文化能力的反馈信息。四是本书没有足够深入地调查参与者的语言能力。除此之外，还有一个局限性在于本书没有探讨跨文化接触具体会作用于哪些语言技能以及如何影响。由此，本书后续研究需要基于外语语言发展中的跨文化接触对中国大学生的跨文化能力影响作用进行更深入的分析与调查，并进一步对其与哪些语言技能之间相关关系进行更加全面的研究。

第三节　研究展望

本书后续的研究还需要从以下几个方面展开：一是结合样本的跨文化接触区域差异性特点分析和研究中国大学生跨文化接触对其跨文化能力的影响作用；二是针对跨文化能力发展路径中的主要跨文化接触进行更细分的实证调查研究，并综合分析其对跨文化能力发展的影响机理作用；三是基于外语语言发展中的跨文化接触对中国大学生的跨文化能力影响作用进行更深入的分析与调查，并进一步对其与哪些语言技能之间相关进行更加全面的研究；四是基于中国大学生外语语言能力发展中的跨文化接触研究与外语课堂教学的相关关系。另外，为了更好地培养中国大学生的跨文化能力，后续研究还需要选择不同学科的教师作为研究对象，深入探讨其跨文化能力发展路径，例如针对教师的跨文化能力培训与发展的实证探索与研究。

参考文献

ACE (2005, April). Statements of international learning outcomes [OL]. Retrieved July 30, 2007, from http://www. acenet. edu/AM/ Template. cfm? Section = Search&template = /CM/HTML Display. cfm&ContentID = 9425.

ACE (2006a, December). International learning goals [OL]. Retrieved July 24, 2007, from http://www. acenet. edu/AM/Template. cfm? Section = goodPractice&Template = /CM/HTMLDisplay. cfm&ContentID = 2769.

ACE (2006b, December). Summary of assessment instruments [OL]. Retrieved July 24, 2007, from http://www. acenet. edu/AM/Template. cfm? Section = goodPractice&Template = /CM/HTMLDisplay. cfm&ContentID = 2771.

ACE (2007, June). Lessons learned in assessing international learning [OL]. RetrievedJuly22, 2007, from http://www. acenet. edu/AM/Template. cfm? Section = goodPractice&Template = /CM/ HTMLDisplay. cfm&ContentID = 9387.

Ahn, S. Y. Criticality for global citizenship in Korean English immersion camps [J]. *Language and Intercultural Communication*, 2015, 15 (4): 533 – 549.

Algee, Alan. The development, implementation, and evaluation of a model for teaching intercultural competency through the content areas at faith school of theology [D]. Nova Southeastem University, 1995.

Allen, R. R. & Wood, B. S. Beyond Reading and Writing to Communication Competence [J]. Communication Education, 1978 (27): 286 – 292.

Altshuler, L., Sussman, N. M. & Kachur, E. Assessing changes in intercultural sensitivity among physican trainees using the intercultural development inventory [J]. International Journal of Intercultural Relations, 2003 (27): 387 – 401.

Allport, G. W. The Nature of Prejudice [J]. Reading: Addison – Wesley, 1954.

Amir, Yehuda. Contact hypothesis in ethnic relations [J]. *Psychological bulletin*, 1969, 71 (5): 319.

American Council on International Intercultural Education (1996, November). Educating for the global community: A framework for community colleges [OL]. Retrieved August 21, 2003, from http: //www. theglobalcommunity college. org/ reports. html.

Arasaratnam, L. A. Intercultural competence [A]. In Nussbaum J. (Ed.) *Oxford research encyclopedia of communication* [C]. Oxford University Press, 2016: 1 – 23.

Arasaratnam, L. A. Intercultural competence: Looking back and looking ahead [J]. International Journal of Intercultural Relations, 2015.

Arasaratnam, L. A. Further testing of a new model of intercultural communication competence [J]. Communication Research Reports, 2006, 23 (2): 93 – 100.

Arasaratnam, L. A. & Doerfel, M. L. Intercultural communication competence: Identifying key components from multicultural perspectives [J]. International Journal of Intercultural Relations, 2005 (29): 137 – 163.

Bachman, L. Fundamental considerations in language testing [M]. Oxford: Oxford University Press, 1990.

Bachman, L. & Palmer, A. Language testing in practice [M]. Oxford: Oxford University Press, 1996.

Bandalos, D. L. Factors influencing the cross – validation of confirmatory factor analysis models [J]. Multivariate Behavioral Research, 1993, 28 (3): 351 –374.

Barrett, M. D., Huber, J. & Reynolds, C. Developing intercultural competence through education [M]. Council of Europe Publishing, 2014.

Basbagi, R. R. Intercultural Communication Skills among Prospective Turkish Teachers of German in the Context of the Comparative Country Knowledge Course [J]. *Educational Sciences Theory & Practice*, 2012, 12 (3): 2187 –2193.

Bastos, M. & Araújo e Sá, H. Pathways to teacher education for intercultural communicative competence: teachers' perceptions [J]. The Language Learning Journal, 2015, 43 (2): 131 –147.

Baumann, U. & Shelley, M. Distance learners of German and intercultural competence [J]. Open Learning, 2006, 21 (3): 191 –204.

Beamer, L. Learning Intercultural Communication Competence [J]. Journal of Business Communication, 1992, 29 (3): 285 –303.

Behrnd, V. P. Evaluating the effectiveness of didactic and experiential intercultural training. *Unpublished Doctoral Dissertation, Dresden University of Technology*, 2011.

Behrnd, V. & Porzelt, S. Intercultural competence and training outcomes of students with experiences abroad [J]. *International Journal of Intercultural Relations*, 2012, 36 (2): 213 –223.

Bennett, M. J. A developmental approach to training for intercultural sensitivity [J]. *International Journal of Intercultural Relations*, 1986, 10 (2): 179 –196.

Bennett, J. M. Toward ethnorelativism: A developmental model of intercultural sensitivity [A]. In Paige, R. M. (Ed) Education for the intercultural experience [C]. Yarmouth, ME: Intercultural, 1993: 21 –71.

Bennett, J. M. Cultivating intercultural competence [A]. In D. K. Deardorff (Ed.) *The SAGE handbook of intercultural competence* [C]. Sage, 2009: 121 –140.

Bennett, J. M. & Allen W. Developing intercultural competence in the language classroom [A]. In Lange, D. L. & Paige, R. M. (Eds) Culture as the Core: Perspectives on culture in second language learning [C]. Greenwich, CT: Information Age Publishing, 2003: 237－270.

Berardo, K. Intercultural competence: A synthesis and discussion of current research and theories [D]. University of Luton, 2005.

Berwick, R. F. & Whalley T R. The experiential bases of culture learning: a case study of Canadian high schoolers in Japan [J]. *International Journal of Intercultural Relations*, 2000, 24 (3): 325－340.

Bettencourt, B. & Ann, et al. Cooperation and the reduction of intergroup bias: The role of reward structure and social orientation [J]. *Journal of Experimental Social Psychology*, 1992, 28 (4): 301－319.

Bhawuk, D. P. S. & Brislin, R. The measurement of intercultural sensitivity using the concepts of individualism and collectivism [J]. International Journal of Intercultural Relations, 1992, 16 (4): 413－436.

Billmyer, K. & Varghese, M. (2000). Investigating Instrument － based Pragmatic Variability: Effeet of Enhancing Discourse Completion Tests [J]. Applied Linguisties, 2000, 21 (4): 517－552.

Black, G. L. & Bernardes, R. Developing Global Educators and Intercultural Competence Through an International Teaching Practicum in Kenya [J]. Comparative and International Education/Éducation Comparée et Internationale, 2014, 43 (2): 4.

Bochne, A. P. & Kelly, C. W. Interpersonal Competence: Rationale, philosophy, andimplementation of a conceptual framework [J]. Speech teacher, 1974 (23): 279－301.

Brewer, M. B. & Kramer, R. M. The psychology of intergroup attitudes and behavior [J]. *Annual review of psychology*, 1985, 36 (1): 219－243.

Brewer, M. B. & Rupert, J. B. *Intergroup relations* [M]. McGraw － Hill, 1998.

Burdett, J. Students achieving intercultural competence through group work: realised or idealised? [J]. Journal of International Education in Business, 2014, 7 (1): 14 –30.

Busse, V. Intercultural competence. Interpersonal communication across culture [J]. Language and Intercultural Communication, 2014, 14 (2): 262 –264.

Byram, M. Teaching and Assessing Intercultural Communicative Competence [M]. Clevedon, UK: Multilingual, 1997.

Campinha – Bacote, J. The Process of Cultural Competence in the Delivery of Healthcare Services [M]. Cincinnati, OH: Transcultural C. A. R. E., Associates, 1998.

Caligiuri, P. M. The Attitudinal and Behavioral Openness Scale: scale development and construct validation [J]. *International Journal of Intercultural Relations*, 2000 (24): 27 –46.

Campbell, A. P. Weblogs for use with ESL classes [J]. *The internet TESL journal*, 2003, 9 (2): 33 –35.

Carr, N. & Johnson R. Redefining the development of pre – service teachers´ intercultural competence through an online teaching environment [C] //ACEC 2014. Australian Council for Computers in Education, 2014: 77 –86.

Casillas, A. & Bobbins, S. B. Test Adaptation and Cross – Cultural Assessment From a Business Perspective: Issues and Recommendations [J]. *International Journal of Testing*, 2004, 5 (1): 5 –21.

Chao, T. C. A diary study of university EFL learners' intercultural learning through foreign films [J]. *Language Culture & Curriculum*, 2013, 26 (3): 247 –265.

Chen, G. M. & Starosta, W. J. Intercultural communication competence: A synthesis [J]. *Communication yearbook*, 1996, 19: 353 –384.

Chen, G. M. & Starosta, W. J. Intercultural communication competence: A synthesis [A]. In Burleson, B. (Eds) Communication Yearbook 19

[C]. Thousand Oaks, CA: Sage, 1996, 353 – 383.

Chen, G. M. & Starosta, W. J. A review of the concept of intercultural awareness [J]. *Human Communication*, 1999, 2: 27 – 54.

Chen, G. M. & Starosta, W. J. Foundations of Intercultural Communication [M]. Shanghai: Shanghai Foreign Language Education Press, 2007.

Clément, Richard. Ethnicity, contact and communicative competence in a second language [J]. *Language: Social psychological perspectives*, 1980, 14 (7): 154.

Clément, Richard, and Bastian G. Kruidenier. Orientation in second language acquisition: the effects of ethnicity, milieu, and target language on theiremergence [J]. *Language Learning*, 1983, 33 (3): 273 – 291.

Cortez, G. A. Building common ground through safe spaces of dialog: transforming perceptions on intercultural competence among future primary and secondary school leaders in Chicago, USA [J]. Intercultural Education, 2014, 25 (4): 312 – 317.

Cohen, E. G, Lotan R A. Producing equal – status interaction in the heterogeneous classroom [J]. *American Educational Research Journal*, 1995, 32 (1): 99 – 120.

Cook, Stuart W. Interpersonal and attitudinal outcomes in cooperating interracial groups [J]. *Journal of Research & Development in Education*, 1978.

Cook, Stuart W. Experimenting on social issues: The case of school desegregation [J]. *American Psychologist*, 1985, 40 (4): 452.

Connolly, D. What now for the contact hypothesis? Towards a new research agenda [J]. *Race, Ethnicity, & Education*, 2000, 3 (2): 169 – 193.

Creswell, J. W, Plano Clark V L, Gutmann M L, et al. Advanced mixed methods research designs [J]. *Handbook of mixed methods in social and behavioral research*, 2003: 209 – 240.

Creswell, John W. Editorial: Mapping the field of mixed methods research [J]. *Journal of Mixed Methods Research*, 2009, 3 (2): 95 – 108.

Csizér, K. & Kormos, J. The relationship of intercultural contact and language learning motivation among Hungarian students of English and German [J]. *Journal of Multilingual and Multicultural Development*, 2008, 29 (1): 30 – 48.

Cushner, K. & Chang S. C. Developing intercultural competence through overseas student teaching: checking our assumptions [J]. Intercultural Education, 2015 (ahead – of – print): 1 – 14.

Deardorff, D. K. The identification and assessment of intercultural competence as a student outcome of international education at institutions of higher education in the United States [D]. Raleigh: North Carolina StateUniversity, 2004.

Deardorff, D. K. Identification and assessment of intercultural competence as a student outcome of internationalization [J]. Journal of Studies in International Education, 2006, 10 (3): 241 – 266.

Deardorff, D. K. Implementing intercultural competence assessment [J]. The SAGE handbook of intercultural competence, 2009: 477 – 491.

Deardorff, D. K. Intercultural competence: Mapping the future research agenda [J]. *International Journal of Intercultural Relations*, 2015, 48: 3 – 5.

Desforges, Donna M., et al. Effects of structured cooperative contact on changing negative attitudes toward stigmatized social groups [J]. *Journal of personality and social psychology*, 1991, 60 (4): 531.

Ding, X. *The impact of Skype on non – English majors' intercultural communicative competence* [D]. Wuhan, China: Huazhong University of Science and Technology (Unpublished master thesis), 2006.

Dixon, J., Durrheim, K., & Tredoux, C. Beyond the optimal contact strategy: A reality check for the Contact Hypothesis [J]. *American Psychologist*, 2005, 60 (1): 697 – 711.

Dörnyei, Z. & Csizér, K. The effects of intercultural contact and tourism on language attitudes and language learning motivation [J]. *Journal of Lan-*

guage and Social Psychology, 2005, 24 (4): 327 –357.

De, Leon N. Developing Intercultural Competence by Participating in Intensive Intercultural Service – Learning [J]. Michigan Journal of Community Service Learning, 2014, 21 (1): 17.

Diamantopoulos, A. & Siguaw, J. A. Introducing LISREL: A Guide for the Uninitiated [M]. London: Sage Publications, 2000.

Dimitrov, N. , Dawson, D. L. , Olsen, K. C. , et al. Developing the Intercultural Competence of Graduate Students [J]. Canadian Journal of Higher Education, 2014, 44 (3): 86 –103.

Dodd, C. H. Dynamics of Intercultural Communication [M]. Boston, et. al. : McGraw – Hill, 1998.

Dodd, C. H. Dynamics of Intercultural Communication (5th Edition) [M]. Shanghai: Shanghai Foreign Language Education Press, 2006.

Dovidio, J. F. , Gaertner, S. L. & Kawakami, K. Intergroup contact: The past, present, and the future [J]. *Group Processes & Intergroup Relations*, 2003, 6 (1): 5 –21.

Dunne, C. Host students' perspectives of intercultural contact in an Irish university [J]. *Journal of studies in international education*, 2009, 13 (2): 222 –239.

Dunne, C. Exploring motivations for intercultural contact among host country university students: An Irish case study [J]. *International Journal of Intercultural Relations*, 2013, 37 (5): 567 –578.

Ellison, C. G. & Powers, D. A. The contact hypothesis and racial attitudes among Black Americans [J]. *Social Science Quarterly*, 1994, 32: 477 –494.

Elola, Idoia. & Ana, Oskoz. Blogging: Fostering intercultural competence development in foreign language and study abroad contexts [J]. *Foreign Language Annals*, 2008, 41 (3): 454 –477.

English, S. L. Internationalization through the lens of evaluation [A]. In Mestenhauser, J. A. & Ellingboe, B. J. (Eds) Reforming the higher education curriculum [C]. Phoenix, AZ: Oryx, 1998: 179 – 197.

Faerch, C. & Kasper, G. Strategies in Interlanguage Communication [M]. London: Longman, 1983.

Fantini, A. E. Language, culture and world view: Exploring the nexus [J]. International Journal of Intercultural Relations, 1995, 19 (2): 143 – 153.

Fantini, A. E. A central concern: Developing intercultural competence [OL]. Retrieved 1ˢᵗ March, 2003, from http: //www. sit. edu/publications/docs /competence. pdf. 2000.

Fantini, A. E. Exploring Intercultural Competence: A Construct Proposal [Z]. NCOLCTL Fourth Annual Conference, 2001.

Fantini, A. E. Fernando Arias – Galicia & Daniel Guay. Globalization and 21st century competencies: Challenges for North American higher education [M]. Western Interstate Commission for Higher Education, 2001.

Fantini, A. E. Exploring and Assessing Intercultural Competence [OL]. Retrieved June13, 2010, from http: //www. sit. edu/SITOccasionalPapers/feil_ research _ report. pdf. 2006.

Fantini, A. E. Assessment tools of intercultural competence [OL]. Brattleboro, VT: School for International Training. http: //www. sit. edu/publications/docs/feil _ appendix. pdf. 2006.

Freire, P. & Macedo, D. Ideology Matters [M]. Boulder Colo: Rowman and Littlefield, 1998.

Fry, L. W. & Matherly, L. L. Spiritual leadership as an integrating paradigm for positive leadership development [J]. International Gallup Leadership Summit, Washington, DC, 2006.

Gao, Yihong. Understanding and transcending linguistic and cultural difference [M]. *Foreign Language Teaching and Research Press*, 2000.

Giles, H. *Language, Ethnicity and Intergroup Communication* [M]. London: Academic Press, 1977.

Greenholtz, J. Assessing Cross – cultural Competence in Transnational

Education: The Intercultural Development Inventory [J]. *Higher Education in Europe*, 2010, 25 (3): 411 –416.

Gudykunst, W. B. Toward a theory of effective interpersonal and intergroup communication: An anxiety/uncertainty management (AUM) perspective [A]. In Wiseman, R. L. & Koester, J. (Eds) *Intercultural communication theory* [C]. Newbury Park, CA: Sage, 1993: 33 –71.

Gudykunst, W. B. Applying the anxiety/uncertainty management (AUM) theory tointercultural adjustment training [J]. *International Journal of Intercultural Relations*, 1998, 22 (2): 227 –250.

Gudykunst, W. B. Intercultural Communication [A]. In Gudykunst, W. B. & Mody, B. (Eds) *Handbook of international and intercultural communication* [C]. Thousandoaks, CA: Sage, 2002: 179 –182.

Gudykunst, W. B. Intercultural Communication Theories [A]. In Gudykunst, W. B. (Ed) *Cross – Cultural and Intercultural Communication* [C]. London: Sage Publications, 2003: 167 –189.

Gudykunst, W. B. *Bridging Differences: Effective Intergroup Communication* [M]. London: Sage, 2004.

Gudykunst, W. B. & Kim, Y. Y. *Communicating with Strangers: An Approach to Intercultural Communication* (4th Edition) [M]. Shanghai: Shanghai Foreign Language Education Press, 2007.

Hair J. F. *Multivariate Data Analysis* [M]. Upper Saddle River, NJ: Prentice Hall, 1998.

Hall, E. T. *The Silent Language* [M]. New York: Anchor Books, 1959.

Halualani, R. T. , Chitgopekar, A. , Morrison, J. H. T. A. , & Dodge, P. S. W. Who's interacting? And what are they talking about? —intercultural contact and interaction among multicultural university students [J]. *International Journal of Intercultural Relations*, 2004, 28 (5): 353 –372.

Halualani, R. T. How do multicultural university students define and make sense of intercultural contact? A qualitative study [J]. *International*

Journal of Intercultural Relations, 2008, 32 (1): 1 – 16.

Hammer, M. R. & Bennett, M. J. The intercultural development inventory (IDI) manual [M]. Portland, OR: Intercultural Communication Institute, 1998.

Hammer, M. R. , Bennett, M. J. & Wiseman, R. Measuring Intercultural Sensitivity: The intercultural development inventory [J]. International Journal of Intercultural Relations, 2003 (27): 421 – 443.

Hammer, M. R. The Intercultural Conflict Style Inventory: A conceptual framework and measure of intercultural conflict resolution approaches [J]. International Journal of Intercultural Relations, 2005 (29): 675 – 695.

Hammer, M. R. The Developmental paradigm for intercultural competence research [J]. International Journal of Intercultural Relations, 2015.

Harrison, N. Investigating the impact of personality and early life experiences on intercultural interaction in internationalised universities [J]. *International Journal of Intercultural Relations*, 2012, 36 (2): 224 – 237.

Hawes, L. C. Alterative Theoretical Bases: Toward a presuppositional critique [J]. Communication Quarterly, 1997 (25): 63 – 68.

Hayward, F. M. Preliminary status report 2000: Internationalization of U. S. higher education [R]. American Council on Education, 2000.

Hewstone, Miles. & Colleen, Ward. Ethnocentrism and causal attribution in Southeast Asia. *Journal of Personality and Social Psychology* 48.3 (1985): 614.

Hofstede, G. Culture's Consequences: Comparing Values, Behaviors, Institutions and Organizations across Nations (2nd Edition) [M]. Shanghai: Shanghai Foreign Language Education Press, 2007.

Holmes, P. & O'Neill, G. Developing and evaluating intercultural competence: Ethnographies of intercultural encounter [J]. International Journal of Intercultural Relations, 2012 (36): 707 – 718.

Houston, T. Outcomes assessment for beginning and intermediate Spanish: One program's process and results [J]. Foreign Language Annals,

2005, 38 (3): 366 – 376.

Hu, W. Z. Intercultural communication and what it means to us [A]. In Hu W Z. (Ed) Intercultural Communication – What It Means to Chinese Learners of English [C]. Shanghai: Shanghai Translation Publishing House, 1988: 1 – 16.

Hymes, D. On communicative competence [A]. In Pride, J. B. & Holmes, J. (Ed) Socioliguistics [C]. Harmondsworth: Penguin, 1972: 169 – 93.

Imahori, T. T. & Lanigan, M. L. Relational Model of Intercultural Communication Competence [J]. International Journal of Intercultural Relations, 1989 (13): 269 – 286.

Intercultural Competence Assessment Project (INCA): Intercultural competence assessment [OL]. RetrievedJuly 23, 2007, from http://www. incaproject. org/index. htm.

Infante, D. A., Rancer, A. S. & Womack, D. F. Building Communication Theory (3rded.) [M]. Prospect Heights, IL: Waveland, 1997.

Islam, M. & R. Hewstone, M. Dimensions of contact as predictors of intergroup anxiety, perceived out – group variability, and out – group attitude: An integrative model [J]. *Personality and Social Psychology Bulletin*, 1993, 19 (6): 700 – 710.

Jacobson, W., Schleicher, D. & Maureen, B. Portfolio assessment of intercultural competence [J]. International Journal of Intercultural Relations, 1999, 23 (3): 467 – 492.

Jackman, Mary R. & Marie, Crane. Some of my best friends are black... Interracial Friendship and Whites' Racial Attitudes [J]. *Public Opinion Quarterly*50. 4 (1986): 459 – 486.

Jackson J. Ethnographic preparation for short – term study and residence in thetarget culture [J]. *International Journal of Intercultural Relations*, 2006, 30 (1): 77 – 98.

Kaplan, R. B. Cultural thought patterns in intercultural education [J].

Language Learning, 1966, (18): 1 – 20.

Kealey, D. J. & Protheroe, D. R. The effectiveness of cross – cultural training for expatriates: An assessment of the literature on the issue. *International Journal of Intercultural Relations*, 1996, 20 (2), 141 – 165.

Kim, Y. Y. & Ruben, B. D. Intercultural transformation [A]. In Gudykunst, W. B. & Kim, Y. Y. (Eds) Readings on communicating with strangers: An approach tointercultural communication [C]. New York: McGraw – Hill, 1992: 401 – 414.

Kim, Y. Y. Becoming Intercultural: an Integrative Theory of Communication and Cross – cultural Adaptation [M]. Thousand Oaks, CA: Sage Publications, Inc, 2001.

Kim, R. K. Intercultural communication competence [D]. UNIVERSITY OF HAWAI1, 2004.

Kormos, J, Csizér, K. An interview study of inter – cultural contact and its role inlanguage learning in a foreign language environment [J]. *System*, 2007, 35 (2): 241 – 258.

Koester, J. & Olebe, M. The behavioral assessment scale for intercultural communication effectiveness [J]. International Journal of Intercultural Relations, 1988, (12): 233 – 246.

Kumar, R. Research Methodology: A Step – by – Step Guide for Beginners [M]. Thousand Oaks, CA: Sage Publications, 1999.

Lambert, R. D. Language planning around the world: Contexts and systemic change [M]. National Foreign Language Center, Johns Hopkins University, 1994.

Liaw, M. L. Using electronic mail for English as a foreign language instruction [J]. *System*, 1998, 26 (3): 335 – 351.

Liaw, M. L. & Johnson, R. J. E. – mail writing as a cross – cultural learning experience [J]. *System*, 2001, 29 (2): 235 – 251.

Liaw, M. L. Cross – cultural e – mail correspondence for reflective EFL teacher education [J]. *TESL – EJ*, 2003, 6 (4): 6 – 1.

Leh, J. M. , Grau, M. & Guiseppe, J. A. Navigating the development of pre – service teachers' intercultural competence and understanding of diversity: The benefits of facilitating online intercultural exchange [J]. Journal for Multicultural Education, 2015, 9 (2): 98 – 110.

Linda, Beamer. & Iris, Varner. Intercultural Communication in the Global Workplace [M]. Boston: McGraw – Hill Irwin, 2008.

Liu, S. Rethinking intercultural competence: Global and local nexus [J]. *Journal of Multicultural Discourses*, 2012, 7 (3): 269 – 275.

Liu, S. J. & Fan, X. L. The relationship between television media and intercultural communicative competence. *Foreign Languages Education*, 2004 (1): 85 – 90.

Lustig, M. W. & Koester, J. Intercultural competence. Interpersonal communication across cultures (4th ed.) [M]. Boston: Allyn and Bacon, 2003.

Mak, A. S. , Brown, P. M. & Wadey, D. Contact and attitudes toward international students in Australia: Intergroup anxiety and intercultural communication emotions as mediators. *Journal of Cross – Cultural Psychology*, 2014, 45 (3): 491 – 504.

Martin, J. N. & Hammer, M. R. Behavioral categories of intercultural communication competence: Everyday communicators' perceptions [J]. International Journal of intercultural Relations, 1989 (13): 303 – 332.

Matera, C. , Stefanile, C. & Brown, R. Host culture adoption or intercultural contact? Comparing different acculturation conceptualizations and their effects on host members' attitudes towards immigrants. *International Journal of Intercultural Relations*, 2012, 36 (4), 459 – 471.

Maykut, Pamela S. & Richard E. Morehouse. *Beginning qualitative research: A philosophic and practical guide* [J]. Psychology Press, 1994, 6.

Martin, J. N. Intercultural communication competence: A review [A]. In Wiseman, R. & Koester, J. (Eds) Intercultural communication competence [C]. Newbury Park, CA: Sage, 1993: 16 – 32.

Martin, J. N. Revisiting intercultural communication competence: Where to go from here [J]. International Journal of Intercultural Relations, 2015.

Martin, G. L., Parker, G., Pascarella, E. T., et al. Do Fraternities and Sororities Inhibit Intercultural Competence?   [J]. Journal of College Student Development, 2015, 56 (1): 66 – 72.

Maruyama, G. M. Basics of Structural Equation Modeling [M]. Thousand Oaks, CA: Sage Publications, 1997.

Matsumoto, D., LeRoux, J. A., Ratzlaff, C., Ttani, H., Uehida, H., Kim, C. & Araki, S. Development and Validation of a Measure of Intercultural Adjustment Potential in Japanese Sojourners: the Intercultural Adjustment Potential Scale (ICAPS) [J]. International Journal of intercultural Relations, 2001 (27): 483 – 510.

Matsumoto, D. The robustness of the intercultural adjustment potential scale (ICAPS): the search for a universal psychological engine of adjustment [J]. International Journal of Intercultural Relations, 2003 (27): 543 – 562.

Matsumoto, D. The Intercultural Adjustment Potential Scale (ICAPS) Predicts Adjustment above and beyond personality and general intelligence [J]. International Journal of Intercultural Relations, 2007 (31): 747 – 759.

Melo – Pfeifer S. Blogs and the development of plurilingual and intercultural competence: report of a co-actional approach in Portuguese foreign language classroom [J]. Computer Assisted Language Learning, 2015, 28 (3): 220 – 240.

Myron, W. Lustig. & Jolene, Koester. Intercultural Competence: Interpersonal Communication Across Cultures (6th Edition) [M]. Boston: Pearson Education, 2009.

Norris, J. M. Understanding and assessing intercultural competence: A summary of theory, research, and practice (teaching report for the foreign language program evaluation project) [J]. Second Language Studies, 2007,

26 (1): 1 - 58.

O'Dowd, R. Understanding the "other side": Intercultural learning in a Spanish - Englishe - mail exchange [J]. Language learning & technology, 2003, 7 (2): 118 - 144.

Paige, M. R. Instrumentation in Intercultural Training [A]. In Dan Landis, Bennett, J. M. & Milton J. Bennett (Eds) Handbook of Intercultural Training (3rd ed.) [C]. Thousand Oaks, CA: Sage, 2004: 147 - 165.

Paige, R. M., Jacobs - Cassuto, M., Yershova, Y. A. & DeJaeghere, J. Assessing intercultural sensitivity: An empirical analysis of the Intercultural Development Inventory [J]. International Journal of Intercultural Relations, 2003, (27): 467 - 486.

Parks, M. R. Interpersonal competence and the quest for personal competence [M]. Newbury Park, 1975: 171 - 201.

Parker, James H. The interaction of negroes and whites in an integrated churchsetting [J]. *Social Forces*, 1968, 46 (3): 359 - 366.

Peng, R. Z., Wu W. P. & Fan W. W. A comprehensive evaluation of Chinese college students' intercultural competence [J]. *International Journal of Intercultural Relations*, 2015 (47), 143 - 157.

Pettigrew, T. F. Racially Separate or Together? 1 [J]. *Journal of Social Issues*, 1969, 25 (1): 43 - 70.

Pettigrew, T. F. The intergroup contact hypothesis reconsidered [J]. 1986.

Pettigrew, Thomas F. The importance of cumulative effects: a neglected emphasis of Sherif's work [J]. *Social Judgment and Intergroup Relations*. Springer New York, 1992: 89 - 103.

Pettigrew, Thomas F. *How to think like a social scientist* [M]. HarperCollins College Publishers, 1996.

Pettigrew, T. F. Intergroup contact theory [J]. *Annual review of psychology*, 1998, 49 (1): 65 - 85.

Pettigrew, T. F. & Tropp, L, R. A meta - analytic test of intergroup contact theory ［J］. *Journal of personality and social psychology*, 2006, 90 (5): 751.

Powers, Daniel A. , and Christopher G. Ellison. Interracial contact and black racialattitudes: The contact hypothesis and selectivity bias ［J］. *Social Forces*, 1995, 74 (1): 205 – 226.

Prosser, M. H. The Cultural Dialogue: An Introduction to Intercultural Communication ［M］. Boston: Houghton Mifflin, 1978.

Pruegger, V. J. & Rogers, T. B. Cross – cultural sensitivity training: Methods and assessments ［J］. International Journal of Intercultural Relations, 1994, 18 (3): 369 – 387.

Risager, K. Language and Culture Pedagogy: From a National to a Transnational Paradigm ［M］. Clevedon: Multilingual Matters, 2007.

Ruben, B. Assessing Communication Competency for Intercultural Adaptation ［J］. Groups and Organizational Studies, 1976, (1): 334 – 354.

Ruben, B. D. & Kealey, D. J. Behavioral Assessment of Communication Competency and the Prediction of Cross – cultural adaptation ［J］. International Journal of Intercultural Relations, 1979 (3): 15 – 47.

Samovar, L. A. & Porter, R. E. *Intercultural Communication: A Reader, Ninth Edition* ［M］. Belmont: Wadsworth Publishing Company, 2000.

Samovar, L. A. & R. E. Porter. *Intercultural Communication: A Reader* (10*th Edition*) ［M］. Shanghai: Shanghai Foreign Language Education Press, 2007.

Samovar, L. A. & R. E. Porter. *Communication Between Cultures* ［M］. Beijing: Peking University Press, 2004.

Scollon, R. & Scollon, S. W. *Intercultural Communication: A Discourse* ［M］. Beijing: Foreign Language Teaching and Research Press & Blackwell Publishers, 2000.

Sercu, L. Assessing Intercultural Competence: a framework for systematic test development in foreign language education and beyond ［J］. *Intercultural Education*, 2004 (15): 73 – 89.

Sherif, M. *In common predicament: Social psychology of intergroup conflict and cooperation* [M]. Boston: Houghton Mifflin, 1966.

Sinicrope, C., Norris, J. & Watanabe, Y. Understanding and assessing intercultural competence: A summary of theory, research, and practice (technical report for the foreign language program evaluation project [J]. *Second Language Studies*, 2007 (1): 1 -58.

Snow, D. English teaching, intercultural competence, and critical incident exercises [J]. *Language and Intercultural Communication*, 2015, 15 (2): 285 -299.

Spano, S. & Stephanie, Z. Interpersonal communication competence in context: Assessing Performance in the selection interview [J]. *Communication Report*, 2009, 8 (1): 18 -26.

Spicer, J. *Making Sense of Multivariate Data Analysis* [M]. London: Sage, 2005.

Spitzberg, B. H. Intercultural effectiveness [A]. In Samovar, L. A. & Porter, R. E. (Eds) *Intercultural communication: A reader* [C]. Belmont, CA: Wadsworth, 1997: 379 -391.

Spitzberg, B. H. A model of intercultural communication competence [A]. In Samovar, L. & Porter, R. (Eds) *Intercultural communication: A reader* [C]. Belmont, CA: Wadsworth, 2000: 375 -387.

Spitzberg, B. H. & Changnon G. Conceptualizing intercultural competence [A]. In Deardorff, D. K. (Eds) *The SAGE Handbook of Intercultural Competence* [C]. Thousand Oaks, CA: Sage, 2009: 2 -52.

Spitzberg, B. H. &Cupach W. R. *Interpersonal Communication Competence* [M]. Beverly Hills, CA: Sage, 1984.

Stephan, W. G. &Stephan, C. W. *Intergroup Relations* [M]. Westview Press, 1996.

Stier, J. Internationalization, ethnic diversity and the acquisition of intercultural competencies [J]. *Journal for Intercultural Education*, 2003 (14): 83.

Stone, T. E. , Francis, L. , Riet, P. et al. Awakening to the other: Reflections on developing intercultural competence through an undergraduate study tour [J]. *Nursing & health sciences*, 2014, 16 (4): 521 –527.

Straffon, D. A. Assessing the intercultural sensitivity of high school students attending an international school [J]. *International Journal of Intercultural Relations*, 2003 (27): 487 –501.

Tam, J. , Sharma, P. &Kim, N. Examining the role of attribution and intercultural competence in intercultural service encounters [J]. *Journal of Services Marketing*, 2014, 28 (2): 159 –170.

Ting –Toomey, S. Communicative resourcefulness: An identity negotiation perspective [A]. In Wiseman, R. L. & Koester, J. (Eds) *Intercultural communication theory* [C]. Newbury Park, CA: Sage, 1993: 72 –111.

Trooboff, S. , Vande Berg, M. & Rayman, J. Employer attitudes toward study abroad [J]. *Frontiers: The Interdisciplinary Journal of Study Abroad*, 2007 (15): 17 –33.

Truong, L. B. & Tran, L. T. Students' intercultural development through language learning in Vietnamese tertiary education: a case study on the use of film as an innovative approach [J]. *Language and Intercultural Communication*, 2014, 14 (2): 207 –225.

Uribe, D. , LeLoup, J. W. &Haverluk, T. W. Assessing intercultural competence growth using direct and indirect measures [J]. *NECTFL Review*, 2014 (73): 15.

Bakel, M. S. V. , Gerritsen, M. &Oudenhoven, J. P. V. Impact of a local host in the Intercultural Competence of Expatriates [J]. *International Journal of Human Resource Management*, 2014, 25: 250 –267.

Vezzali, L. , Crisp, R. J. , Stathi, S. & Giovannini, D. Imagined intergroup contact facilitates intercultural communication for college students on academic exchange programs [J]. *Group Processes & Intergroup Relations*, 2015, 18 (1), 66 –75.

Wang, Y. A. & Kulich, S. J. Does context count? Developing and assessing intercultural competence through an interview – and model – based domestic course design in China [J]. *International Journal of Intercultural Relations*, 2015 (48): 38 – 57.

Wen, Q. Globalization and intercultural competence [J]. *English and globalization*: Perspectives from Hong Kong and mainland China, 2004: 169 – 180.

Wiemann, J. M. Explication and test of a model of communicative competence [J]. *Human Communication Research*, 1977, 3 (3): 195 – 213.

Wiseman, R. L. , Hammer, M. & Nishida N. Predictors of Intercultural Communication Competence [J]. *International Journal of Intercultural Relations*, 1989 (13): 349 – 370.

Wiseman, R. L. Intercultural communication competence [A]. In Gudykunst, W. B. & Mody, B. (Eds) *Handbook of Intercultural and International Communication* [C]. Newbury Park, CA: Sage Publications, 2001: 207 – 224.

Wiseman, R. L. Intercultural communication competence [A]. In Gudykunst, W. B. (Eds) *Cross – cultural and Intercultural Communication* [C]. Thousand Oaks, CA: Sage, 2003: 167 – 190.

Williams, T. R. Exploring the impact of study abroad on students' intercultural communication skills: Adaptability and sensitivity [J]. *Journal of Studies in International Education*, 2005, 9 (4): 356 – 371.

Wiseman, R. L. Intercultural communication competence. Retrieved December 11, 2001 from http: //commfaculty. cullerton. edu/rwiseman/ICCC-paper. htm.

Wiseman, R. L. Intercultural Communication Competence [A]. In Gudykunst, W. B. (Eds) *Cross – Cultural and Intercultural Communication* [C]. Thousand Oaks, CA: Sage, 2003: 167 – 190.

Yashima, T. The effects of international volunteer work experiences on intercultural competence of Japanese youth [J]. *International Journal of Inter-*

cultural Relations，2010，34（3）：268 – 282.

白雪梅、赵松山：《多种综合评价方法的优劣判断研究》，《统计研究》2000 年第 7 期。

毕继万：《谈跨文化交际中的能力》，第六届跨文化交际研究会年会，2005 年。

常晓梅、赵玉珊：《提高学生跨文化意识的大学英语教学行动研究》，《外语界》2012 年第 2 期。

陈驰、傅一士：《跨文化背景下认知与文化研究综述》，《大众商务：投资版》2009 年第 4 期。

陈国明：《跨文化交际学》，华东师范大学出版社 2009 年版。

程建君：《管理专业大学生跨文化能力培养探析》，《科技创业月刊》2011 年第 6 期。

陈建宪：《文化学教程》，华中师范大学出版社 2004 年版。

陈娟、田凌云、马跃如：《高校教师能力模型构建研究——基于探索性因子分析和验证性因子分析》，《高等财经教育研究》2012 年第 3 期。

陈欣：《从跨文化交际能力视角探索国际化外语人才培养课程设置》，《外语界》2012 年第 5 期。

陈雨露：《跨文化沟通能力：培养拔尖创新人才的新诉求》，《中国高等教育》2012 年第 7 期。

陈治安：《跨文化交际学理论与实践研究》，重庆大学出版社 2005 年版。

池舒文、林大津：《论中国跨文化交际研究的历史分期及其特点》，《中国外语》2014 年第 3 期。

樊葳葳、吴卫平、彭仁忠：《中国大学生跨文化能力自我评价分析》，《中国外语》2013 年第 6 期。

高峰：《教师的个人特质与教育信息技术的采纳——基于高校网络教学背景的实证研究》，《电化教育研究》2011 年第 12 期。

高丽清：《乌海北 500KV 输变电项目技术经济分析及综合评价》，硕士学位论文，华北电力大学，2010 年。

高一虹：《语言文化差异的认识与超越》，外语教学与研究出版社 2000 年版。

高一虹：《跨文化交际能力的培养："跨越"与"超越"》，《外语与外语教学》2002 年第 1 期。

高永晨：《大学生跨文化交际能力的现状调查和对策研究》，《外语与外语教学》2006 年第 11 期。

高永晨：《中国大学生跨文化交际能力测评体系的理论框架构建》，《外语界》2014 年第 4 期。

顾嘉祖：《跨文化交际——外国语言文学中的隐蔽文化》，南京师范大学出版社 2002 年版。

关世杰：《跨文化交流学——提高涉外交流能力的学问》，北京大学出版社 1995 年版。

关志民、束军意、马钦海：《学位论文质量的多层次模糊综合评价模型及其应用》，《科研管理》2005 年第 3 期。

郭讯枝：《跨文化传播与英语教》，硕士学位论文，江西师范大学，2004 年。

韩宝成：《Lyle F·Bachman 的语言测试理论模式》，《外语教学与研究》1995 年第 1 期。

贺淑锋：《哲学视阈下跨文化交际能力的解读》，《佳木斯大学社会科学学报》2012 年第 30 卷第 5 期。

胡丽萍、都立澜、林建平、张春月：《中医药外向型人才与跨文化交际能力的培养》，《中医教育》2012 年第 31 卷第 4 期。

胡文仲：《论跨文化的实证研究》，《外语教学与研究》2005 年第 5 期。

胡文仲：《跨文化交际能力在外语教学中如何定位》，《外语界》2013 年第 6 期。

胡艳：《大学生跨文化交际敏感度调查》，《外语界》2011 年第 3 期。

黄春霞：《语言测试题型发展的新探索——HSK、C. TEST 系列考试的新题型简介》，《对外汉语研究》2011 年第 1 期。

黄淑玲：《中西文化差异与大学英语教学》，《福建教育学院学报》2002 年第 1 期。

黄文红：《过程性文化教学与跨文化交际能力培养的实证研究》，《解放军外国语学院学报》2015 年第 38 卷第 1 期。

黄文红：《大学英语教学中跨文化交际能力培养探析》，《考试与评价：大学英语教研版》2012 年第 2 期。

贾玉凤：《基于跨文化交际的文化负载词汇习得与教学现状调查》，《新疆警察学院学报》2015 年第 3 期。

贾玉新：《跨文化交际学》，上海外语教育出版社 1997 年版。

贾玉新：《跨文化研究》，高等教育出版社 2009 年版。

蒋瑾：《跨文化能力分类及培养的思考》，《比较教育研究》2013 年第 9 期。

蒋莉：《关于中国非英语专业大学生跨文化交际能力和跨文化敏感度的调查》，硕士学位论文，南京师范大学，2004 年。

Marilyn、Guerrera、郑通涛：《交际场景导向和认知学习——以美国教学为例》，《海外华文教育》2016 年第 1 期。

厉玲玲：《高职高专院校中英语角活动对学生的跨文化能力培养》，《科技视界》2012 年第 33 期。

李光敏、曾用强：《交际语言能力模型的构念效度研究》，《现代外语》2011 年第 34 卷第 4 期。

李荣荣：《跨文化沟通能力问卷的编制及测量》，硕士学位论文，华东师范大学，2010 年。

李智：《当代大学生跨文化交际能力的建构与培养》，《江苏高教》2014 年第 5 期。

林大津：《跨文化研究》，福建人民出版社 2008 年版。

刘宝权：《跨文化交际能力与语言测试的接口研究》，博士学位论文，上海外国语大学，2004 年。

刘海南：《大学英语教学中导入文化背景知识的探讨》，《高教发展与评估》2000 年第 1 期。

刘赫：《组织学习机制、国际并购能力与企业成长的关系研究》，博士学位论文，东北大学，2012 年。

刘会英：《培育跨文化理解能力——论课语整合式学习作为一种文化教育范式》，《教育发展研究》2014 年第 6 期。

刘宏艳：《外语教学中进行跨文化意识培养》，《基础教育外语教学研究》2009 年第 5 期。

刘建达：《中国学生英语语用能力的测试》，《外语教学与研究》2006 年第 38 期。

刘齐生：《跨文化能力之概念及其引出的问题》，《广东外语外贸大学学报》2004 年第 4 期。

刘秀芬：《跨文化交际中的中西语言和文化的相互渗透》，《边疆经济与文化》2015 年第 10 期。

刘学惠：《跨文化交际能力及其培养：一种建构主义的观点》，《外语与外语教学》2003 年第 1 期。

刘梅华、刘世生：《大学生交换学习期间跨文化交际能力和自我身份的变化：访谈研究》，《外语教学》2015 年第 36 卷第 1 期。

李小刚：《海南英语导游跨文化交际能力研究》，《海外英语：上》2012 年第 11 期。

李晓妮：《如何在大学专业英语教学中培养学生的跨文化交际能力探析》，《科教文汇旬刊》2013 年第 22 期。

吕晓敏：《论交际性大学英语口语测试问题、原因及对策》，《广西师范大学学报》（哲学社会科学版）2012 年第 48 卷第 6 期。

吕欣：《基于体裁的商务英语写作教学研究》，硕士学位论文，黑龙江大学，2011 年。

宁惠萍：《文化素质教育与跨文化交际能力培养》，《山西高等学校社会科学学报》2003 年第 15 卷第 12 期。

彭仁忠、樊葳葳、吴卫平：《大学生跨文化能力评价刍议——基于 BP 神经网络理论视角》，《湖北社会科学》2013 年第 7 期。

彭仁忠、吴卫平：《跨文化能力视域下的中国大学生跨文化接触路径研究》，《外语界》2016 年第 1 期。

钱福东：《语言与文化的关系及其对外语学习的影响》，《辽宁行政学院学报》2012 年第 9 期。

邱东：《多指标综合评价方法的系统分析》，中国统计出版社 1991年版。

屈妮妮、窦琴：《外语学习者跨文化交际能力和跨文化敏感度研究》，《外国语文》2014 年第 30 卷第 6 期。

任仕超、梁文霞：《中外远程协作课程对跨文化交际能力影响的实证研究》，《外语界》2014 年第 6 期。

时敏：《我国高校跨文化教育的发展趋势》，《当代经济》2014 年第13 期。

史兴松：《外语能力与跨文化交际能力社会需求分析》，《外语界》2014 年第 6 期。

沈鞠明、高永晨：《思与行的互动：思辨能力与跨文化交际能力》，《苏州大学学报》（哲学社会科学版）2015 年第 3 期。

沈玲：《交际能力与跨文化交际能力的关系对外语教学启示》，《科技信息》2008 年第 33 期。

苏建红：《学习者思维方式个体差异对英语语言技能的影响——以显性/隐性知识为中介》，《外语教学与研究》2011 年第 1 期。

苏衡：《〈跨文化交际〉研修课模块式教学实践设计》，《大学英语》（学术版）2012 年第 2 期。

孙淑女、许力生：《大学英语教学中计算机主导的跨文化能力培养研究》，《外语界》2014 年第 4 期。

田学龄：《浅析中西方文化差异对英语学习的影响》，《传播与版权》2014 年第 5 期。

田学敏：《在华韩资企业文化本土化建设研究》，硕士学位论文，中国海洋大学，2010 年。

涂玉龙：《论企业并购下的文化冲突成因及对策》，《重庆科技学院学报》（社会科学版）2011 年第 5 期。

涂玉龙、刘汉祥：《跨文化背景下的跨文化能力管理探析》，《湛江师范学院学报》2009 年第 30 卷第 4 期。

王海福、陈红曼：《双语教师应具有跨文化能力》，《中国教育学刊》2015 年第 4 期。

王小干：《基于战略意图视角的企业并购及知识整合问题研究》，博士学位论文，东北大学，2012 年。

王艳萍：《大学非外语专业英语学习者的跨文化交际能力地区对比研究》，硕士学位论文，广东外语外贸大学，2006 年。

王艳萍、余卫华：《非英语专业大学生跨文化交际能力的对比研究》，《南华大学学报》（社会科学版）2008 年第 3 期。

王振亚：《以跨文化交际为目的的外语教学》，北京语言大学出版社 2005 年版。

王宗军：《综合评价的方法、问题及研究趋势》，《管理科学学报》1998 年第 1 期。

吴明隆：《结构方程模型——AMOS 的操作与应用》，重庆大学出版社 2010 年版。

吴卫平：《中国大学生跨文化能力综合评价研究》，博士学位论文，华中科技大学，2013 年。

吴卫平、董元兴、李婷：《跨文化传播视域中的陌生化翻译策略研究——以赛珍珠〈水浒传〉英译本为例》，《中国地质大学学报》（社会科学版）2015 年第 6 期。

吴卫平、樊葳葳、彭仁忠：《中国大学生跨文化能力维度及评价量表分析》，《外语教学与研究》2013 年第 4 期。

吴显英：《国外跨文化能力研究综述》，《科技进步与对策》2008 年第 3 期。

吴筱明：《以就业能力为导向的跨文化能力的培养》，《岳阳职业技术学院学报》2011 年第 26 卷第 5 期。

吴越、梁晓鹏：《外语教学中跨文化交际能力的培养》，《兰州教育学院学报》2002 年第 2 期。

文娟、李政涛：《当代教育研究中的全球视野、跨文化能力与中国特色》，《全球教育展望》2013 年第 42 卷第 7 期。

胥振振：《大学英语教学中跨文化交际能力的培养》，《开封教育学院学报》2014 年第 8 期。

薛荣：《论交际能力与交际策略》，《江苏工业学院学报》（社会科学版）2004 年第 4 期。

许国彬：《加强大学生跨文化教育培养国际通用型人才——大学生跨文化素质培养模式的研究与实践》，《国家教育行政学院学报》2009 年第 1 期。

许力生：《跨文化的交际能力问题探讨》，《外语与外语教学》2000 年第 7 期。

许力生、吴丽萍：《跨文化交际》，上海外语教育出版社 2008 年版。

许力生：《跨文化能力构建再认识》，《浙江大学学报》（人文社会科学版）2011 年第 3 期。

许力生、孙淑女：《跨文化能力递进——交互培养模式构建》，《浙江大学学报》（人文社会科学版）2013 年第 43 卷第 4 期。

严明：《跨文化商务交际能力体系的构建》，《黑龙江社会科学》2009 年第 6 期。

杨臣：《跨文化交际能力构成及其得体性的训练策略》，《齐齐哈尔大学学报》（哲学社会科学版）2006 年第 7 期。

杨慧：《跨文化交际能力——中国英语教学的最终目标》，第六届跨文化交际研究会年会，2005 年。

杨洋：《跨文化交际能力的界定与评价》，博士学位论文，北京语言大学，2009 年。

杨阳、柳炳礼、宋颖：《跨文化交际与大学生就业能力的相关性研究》，《教师教育学报》2013 年第 11 卷第 7 期。

杨盈、庄恩平：《构建外语教学跨文化交际能力框架》，《外语界》2007 年第 4 期。

姚红艳：《文化语境与高中英语跨文化交际能力的培养》，硕士学位论文，信阳师范学院，2012 年。

易祯、徐岚、吴美玉：《EFL 课堂的跨文化交际能力模式研究——基于教育者和学习者角度》，《教育与教学研究》2014 年第 28 卷第 3 期。

尤莉娅：《中俄语用文化差异与跨文化汉语教学研究》，硕士学位论文，辽宁师范大学，2011 年。

袁世芳、侯泊华：《乡镇中学英语教师的专业能力问题》，《安阳师范学院学报》2007 年第 6 期。

张淳：《中国高校外语教师信念量化研究——基于跨文化交际能力的培养》，《中国外语》（中英文版）2014 年第 6 期。

张红玲：《跨文化外语教学》，上海外语教育出版社 2007 年版。

张卫东、杨莉：《跨文化交际能力体系的构建——基于外语教育视角和实证研究方法》，《外语界》2012 年第 2 期。

张晓书：《跨文化交际能力：大学外语教学精神的失落与回归》，《教育探索》2006 年第 5 期。

张岩：《非英语专业大学英语教学中跨文化交际意识的培养》，《吉林体育学院学报》2009 年第 25 卷第 6 期。

赵爱国、姜雅明：《应用语言文化学概论》，上海外语教育出版社 2003 年版。

赵婷：《论大学英语听力教学中非英语专业学生跨文化交际能力的培养》，硕士学位论文，广西师范大学，2011 年。

庄恩平：《对经济全球化背景下跨文化交际学研究的思考》，《中国外语》2006 年第 1 期。

钟华、白谦慧、樊葳葳：《中国大学生跨文化交际能力自测量表构建的先导研究》，《外语界》2013 年第 3 期。

周科锋：《高中英语词汇教学与跨文化意识的培养——以〈牛津高中英语〉为例》，硕士学位论文，上海师范大学，2014 年。

周涛：《高中英语写作测试能力分析——基于交际型语言能力测试理论》，《语文学刊：外语教育教学》2012 年第 11 期。

附录 I

跨文化接触访谈

Interview Schedule

Before the interview, the author explained to the interviewees as follows:

● The interview merely serves for scientific research purpose. I am conducting a survey on the types of intercultural contact among university students. My study aims to find out what types of intercultural contact they usually encounter. They are chosen randomly from the ten targeted universities for general investigation.

● I hope them to take it as a discussion or dialogue instead of a formal or serious interview, so they would share their ideas and opinions under relaxed circumstances.

● I would record our interview and write some notes during the process according to what they have talked about but these notes will confidential to persons irrelevant to my research.

● I would ask questions in sequence but they are welcome to brainstorm and add or adjust whatever come to their mind and explore the details further.

● I would contact them in later questionnaire designing and data analysis if necessary.

● I would be available for them whenever they are in need to add what they think after the interview.

Questions in the interview

1. What types of direct intercultural contact do you have? Please list them one by one, for example, communicating with foreign friends face to face at home and abroad through email, QQ, skype and other social network software both in written and oral form.

2. What kind of intercultural competence do you acquire via these types of direct intercultural contact you have encountered, such as native cultural knowledge, foreign cultural knowledge, attitudes, intercultural communicative skills, intercultural cognitive skills, or awareness?

3. What types of indirect intercultural contact do you have? Please list them one by one, for example, through television programs, movies, news-papers and magazines, cultural exchange activities at home, cultural courses etc. ?

4. What kind of intercultural competence do you acquire via these types of indirect intercultural contact you have encountered, such as native cultural knowledge, foreign cultural knowledge, attitudes, intercultural communicative skills, intercultural cognitive skills, or awareness?

附录 II

中国大学生跨文化接触量表

中国大学生跨文化接触量表（原始）

亲爱的同学：

你好！

该问卷是针对中国大学生的跨文化接触情况的一项实证调查。本问卷采用匿名形式，问卷结果只用于学术研究，对你的个人信息绝对保密。请同学们认真完成问卷里面的每一个问题，谢谢你的大力支持！

第一部分　个人信息（请根据你的实际情况做出选择或填空）

1. 性别：A. 男　B. 女

2. 年级：A. 大一　B. 大二　C. 大三　D. 大四

3. 你的专业是：

4. 你的英语水平考试成绩：（请填写单项和总分成绩）

托福（总分　　听力　　口语　　阅读　　写作）

雅思（总分　　听力　　口语　　阅读　　写作）

5. 我曾经出过国：A. 是　B. 否　如果是，在国外停留多长时间？

6. 我在国内与来自不同文化的人（外国人）接触的次数：

A. 每天一次及以上　B. 每周一次及以上　C. 每月一次及以上

D. 每年一次及以上　E. 没有

第二部分 跨文化接触情况

填写说明：本部分是中国大学生跨文化接触情况量表，包括直接接触与间接接触两个部分。请依据你自己的实际情况，从"0"到"5"中选择一个数字进行评分并在数字上打钩（"0"代表程度最低，依次递增，"5"代表程度最高），具体参照如下：

0	1	2	3	4	5
没有	偶尔	较少	一般	较多	非常多

直接接触

1. 你在国内通过 QQ 与英语本族语的人用英语进行打字交流
（0 1 2 3 4 5）

2. 你在国内通过 QQ 与英语本族语的人用英语进行语音交流
（0 1 2 3 4 5）

3. 你在国内通过 QQ 与英语本族语的人用英语进行视频交流
（0 1 2 3 4 5）

4. 你在国内通过 MSN 与英语本族语的人用英语进行打字交流
（0 1 2 3 4 5）

5. 你在国内通过微信与英语本族语的人用英语进行打字交流
（0 1 2 3 4 5）

6. 你在国内通过微信与英语本族语的人用英语进行语音交流
（0 1 2 3 4 5）

7. 你在国内通过微信与英语本族语的人用英语进行视频交流
（0 1 2 3 4 5）

8. 你在国内通过微博与英语本族语的人用英语进行打字交流
（0 1 2 3 4 5）

9. 你在国内通过 Facebook 与英语本族语的人用英语进行打字交流
（0 1 2 3 4 5）

10. 你在国内通过 Twitter 与英语本族语的人用英语进行打字交流
（0 1 2 3 4 5）

11. 你在国内通过 Linkedin 与英语本族语的人用英语进行打字交流
（0 1 2 3 4 5）

12. 你在国内通过 Skype 与英语本族语的人用英语进行打字交流
（0 1 2 3 4 5）

13. 你在国内通过 Skype 与英语本族语的人用英语进行语音交流
（0 1 2 3 4 5）

14. 你在国内通过 Skype 与英语本族语的人用英语进行视频交流
（0 1 2 3 4 5）

15. 你在国内通过书信往来等方式与英语本族语的人用英语进行文字书面交流
（0 1 2 3 4 5）

16. 你在国内通过电子邮件等方式与英语本族语的人用英语进行文字书面交流
（0 1 2 3 4 5）

17. 你在国内通过参加外国节日庆祝活动了解英语国家人们的文化
（0 1 2 3 4 5）

18. 你在国内通过参加外国文化交流日活动了解英语国家人们的文化
（0 1 2 3 4 5）

19. 你在国内通过参加国际留学会展活动了解英语国家人们的文化
（0 1 2 3 4 5）

20. 你在国内通过参加学校英语角活动（外国人）了解英语国家人们的文化
（0 1 2 3 4 5）

21. 你在国内通过参加同声翻译实践活动了解英语国家人们的文化
（0 1 2 3 4 5）

22. 你在国内通过参加文化类讲座（外国人）了解英语国家人们的文化
（0 1 2 3 4 5）

23. 你在国内通过参加培训机构的外教英语培训课程了解英语国家人们的文化
（0 1 2 3 4 5）

24. 你在国内通过参加国际志愿者活动了解英语国家人们的文化

（0 1 2 3 4 5）

25. 你在国内通过参加国际学术会议了解英语国家人们的文化

（0 1 2 3 4 5）

26. 你在国内通过学校里的外教了解英语国家人们的文化

（0 1 2 3 4 5）

27. 你在国内通过与留学生一起参加体育活动（如足球赛等）了解英语国家人们的文化

（0 1 2 3 4 5）

28. 你在国内通过参加外资或者合资企业的实习与英语本族语的人用英语进行交流

（0 1 2 3 4 5）

29. 你到国外通过参加国外带薪实习了解英语国家人们的文化

（0 1 2 3 4 5）

30. 你到国外通过参加国际学术会议了解英语国家人们的文化

（0 1 2 3 4 5）

31. 你到国外通过参加国外大学交换生了解英语国家人们的文化

（0 1 2 3 4 5）

32. 你到国外通过参加暑期国际夏令营了解英语国家人们的文化

（0 1 2 3 4 5）

33. 你到国外通过参加寒假国际冬令营了解英语国家人们的文化

（0 1 2 3 4 5）

34. 你到国外通过参加国际志愿者活动了解英语国家人们的文化

（0 1 2 3 4 5）

35. 你到国外通过旅行了解英语国家人们的文化

（0 1 2 3 4 5）

间接接触

36. 你在国内通过家人和亲戚了解英语国家人们的文化

（0 1 2 3 4 5）

37. 你在国内通过朋友了解英语国家人们的文化

（0　1　2　3　4　5）

38. 你在国内通过和老师的课外交流了解英语国家人们的文化

（0　1　2　3　4　5）

39. 你在国内通过观看电视节目了解英语国家人们的文化

（0　1　2　3　4　5）

40. 你在国内通过在线网络课程了解英语国家人们的文化

（0　1　2　3　4　5）

41. 你在国内通过阅读纸质书籍了解英语国家人们的文化

（0　1　2　3　4　5）

42. 你在国内通过阅读电子书籍了解英语国家人们的文化

（0　1　2　3　4　5）

43. 你在国内通过阅读纸质报纸杂志了解英语国家人们的文化

（0　1　2　3　4　5）

44. 你在国内通过阅读电子报纸杂志了解英语国家人们的文化

（0　1　2　3　4　5）

45. 你在国内通过观看英文电影了解英语国家人们的文化

（0　1　2　3　4　5）

46. 你在国内通过听英文歌曲了解英语国家人们的文化

（0　1　2　3　4　5）

47. 你在国内通过参加文化类讲座（中国人）了解英语国家人们的文化

（0　1　2　3　4　5）

48. 你在国内通过参加模拟联合国了解英语国家人们的文化

（0　1　2　3　4　5）

49. 你在国内通过参加英语社团/协会（如莎士比亚戏剧社、英语辩论队等）了解英语国家人们的文化

（0　1　2　3　4　5）

50. 你在国内通过参加学校英语角活动（中国人）了解英语国家人们的文化

（0　1　2　3　4　5）

51. 你在国内通过上外国文化类课程了解英语国家人们的文化
（0 1 2 3 4 5）
52. 你在国内通过上大学英语课程了解英语国家人们的文化
（0 1 2 3 4 5）

中国大学生跨文化接触量表（结构方程模型）

亲爱的同学：

你好！

该问卷是针对中国大学生的跨文化接触情况的一项实证调查。本问卷采用匿名形式，问卷结果只用于学术研究，对你的个人信息绝对保密。请同学们认真完成问卷里面的每一个问题，谢谢你的大力支持！

第一部分　个人信息（请根据你的实际情况做出选择或填空）

1. 性别：A. 男　B. 女
2. 年级：A. 大一　B. 大二　C. 大三　D. 大四
3. 你的专业是：
4. 你的英语水平考试成绩：（请填写单项和总分成绩）

托福（总分　　听力　　口语　　阅读　　写作）

雅思（总分　　听力　　口语　　阅读　　写作）

5. 我曾经出过国：A. 是　B. 否　如果是，在国外停留多长时间？

————————

6. 我在国内与来自不同文化的人（外国人）接触的次数：
A. 每天一次及以上　B. 每周一次及以上　C. 每月一次及以上
D. 每年一次及以上　E. 没有

第二部分　跨文化接触情况

填写说明：本部分是中国大学生跨文化接触情况量表，包括直接接触与间接接触两个部分。请依据你自己的实际情况，从"1"到"5"中选择一个数字进行评分并在数字上打钩（"1"代表程度最低，依次递增，"5"代表程度最高），具体参照如下：

1	2	3	4	5
非常少	较少	一般	较多	非常多

直接接触

1. 你在国内通过 QQ 与英语本族语的人用英语进行打字交流
（1　2　3　4　5）

2. 你在国内通过 QQ 与英语本族语的人用英语进行语音交流
（1　2　3　4　5）

3. 你在国内通过 QQ 与英语本族语的人用英语进行视频交流
（1　2　3　4　5）

4. 你在国内通过 MSN 与英语本族语的人用英语进行打字交流
（1　2　3　4　5）

5. 你在国内通过微信与英语本族语的人用英语进行打字交流
（1　2　3　4　5）

6. 你在国内通过微信与英语本族语的人用英语进行语音交流
（1　2　3　4　5）

7. 你在国内通过微信与英语本族语的人用英语进行视频交流
（1　2　3　4　5）

8. 你在国内通过微博与英语本族语的人用英语进行打字交流
（1　2　3　4　5）

9. 你在国内通过 Facebook 与英语本族语的人用英语进行打字交流
（1　2　3　4　5）

10. 你在国内通过 Twitter 与英语本族语的人用英语进行打字交流
（1　2　3　4　5）

11. 你在国内通过 Linkedin 与英语本族语的人用英语进行打字交流
（1　2　3　4　5）

12. 你在国内通过 Skype 与英语本族语的人用英语进行打字交流
（1　2　3　4　5）

13. 你在国内通过 Skype 与英语本族语的人用英语进行语音交流
（1　2　3　4　5）

14. 你在国内通过 Skype 与英语本族语的人用英语进行视频交流
（1 2 3 4 5）

15. 你在国内通过书信往来等方式与英语本族语的人用英语进行文字书面交流
（1 2 3 4 5）

16. 你在国内通过电子邮件等方式与英语本族语的人用英语进行文字书面交流
（1 2 3 4 5）

17. 你在国内通过参加外国节日庆祝活动了解英语国家人们的文化
（1 2 3 4 5）

18. 你在国内通过参加外国文化交流日活动了解英语国家人们的文化
（1 2 3 4 5）

19. 你在国内通过参加国际留学会展活动了解英语国家人们的文化
（1 2 3 4 5）

20. 你在国内通过参加学校英语角活动（外国人）了解英语国家人们的文化
（1 2 3 4 5）

21. 你在国内通过参加同声翻译实践活动了解英语国家人们的文化
（1 2 3 4 5）

22. 你在国内通过参加文化类讲座（外国人）了解英语国家人们的文化
（1 2 3 4 5）

23. 你在国内通过参加培训机构的外教英语培训课程了解英语国家人们的文化
（1 2 3 4 5）

24. 你在国内通过参加国际志愿者活动了解英语国家人们的文化
（1 2 3 4 5）

25. 你在国内通过参加国际学术会议了解英语国家人们的文化
（1 2 3 4 5）

26. 你在国内通过学校里的外教了解英语国家人们的文化

（1　2　3　4　5）

27. 你在国内通过与留学生一起参加体育活动（如足球赛等）了解英语国家人们的文化

（1　2　3　4　5）

28. 你在国内通过参加外资或者合资企业的实习与英语本族语的人用英语进行交流

（1　2　3　4　5）

29. 你到国外通过参加国外带薪实习了解英语国家人们的文化

（1　2　3　4　5）

30. 你到国外通过参加国际学术会议了解英语国家人们的文化

（1　2　3　4　5）

31. 你到国外通过参加国外大学交换生了解英语国家人们的文化

（1　2　3　4　5）

32. 你到国外通过参加暑期国际夏令营了解英语国家人们的文化

（1　2　3　4　5）

33. 你到国外通过参加寒假国际冬令营了解英语国家人们的文化

（1　2　3　4　5）

34. 你到国外通过参加国际志愿者活动了解英语国家人们的文化

（1　2　3　4　5）

35. 你到国外通过旅行了解英语国家人们的文化

（1　2　3　4　5）

间接接触

36. 你在国内通过家人和亲戚了解英语国家人们的文化

（1　2　3　4　5）

37. 你在国内通过朋友了解英语国家人们的文化

（1　2　3　4　5）

38. 你在国内通过和老师的课外交流了解英语国家人们的文化

（1　2　3　4　5）

39. 你在国内通过观看电视节目了解英语国家人们的文化

（1 2 3 4 5）

40. 你在国内通过在线网络课程了解英语国家人们的文化

（1 2 3 4 5）

41. 你在国内通过阅读纸质书籍了解英语国家人们的文化

（1 2 3 4 5）

42. 你在国内通过阅读电子书籍了解英语国家人们的文化

（1 2 3 4 5）

43. 你在国内通过阅读纸质报纸杂志了解英语国家人们的文化

（1 2 3 4 5）

44. 你在国内通过阅读电子报纸杂志了解英语国家人们的文化

（1 2 3 4 5）

45. 你在国内通过观看英文电影了解英语国家人们的文化

（1 2 3 4 5）

46. 你在国内通过听英文歌曲了解英语国家人们的文化

（1 2 3 4 5）

47. 你在国内通过参加文化类讲座（中国人）了解英语国家人们的文化

（1 2 3 4 5）

48. 你在国内通过参加模拟联合国了解英语国家人们的文化

（1 2 3 4 5）

49. 你在国内通过参加英语社团/协会（如莎士比亚戏剧社、英语辩论队等）了解英语国家人们的文化

（1 2 3 4 5）

50. 你在国内通过参加学校英语角活动（中国人）了解英语国家人们的文化

（1 2 3 4 5）

51. 你在国内通过上外国文化类课程了解英语国家人们的文化

（1 2 3 4 5）

52. 你在国内通过上大学英语课程了解英语国家人们的文化

（1 2 3 4 5）

中国大学生跨文化接触情况调查表（修正版）

亲爱的同学：

你好！

该问卷是针对中国大学生的跨文化接触情况的一项实证调查。本问卷采用匿名形式，问卷结果只用于学术研究，对你的个人信息绝对保密。请你认真完成问卷里面的每一个问题，谢谢你的大力支持！

第一部分　个人信息（请根据你的实际情况做出选择或填空）

1. 性别：A. 男　B. 女

2. 年级：A. 大一　B. 大二　C. 大三　D. 大四

3. 你的专业是：

4. 你的英语水平考试成绩：（请填写单项和总分成绩）

托福（总分　听力　口语　阅读　写作）

雅思（总分　听力　口语　阅读　写作）

5. 我曾经出过国：A. 是　B. 否　如果是，在国外停留多长时间？

6. 我在国内与来自不同文化的人（外国人）接触的次数：

A. 每天一次及以上　B. 每周一次及以上　C. 每月一次及以上

D. 每年一次及以上　E. 没有

第二部分　跨文化接触情况

填写说明：本部分是中国大学生跨文化接触情况量表，包括直接接触与间接接触两个部分。请依据你自己的实际情况，从"1"到"5"中选择一个数字进行评分并在数字上打钩（"1"代表程度最低，依次递增，"5"代表程度最高），具体参照如下：

1	2	3	4	5
非常少	较少	一般	较多	非常多

直接接触

国内社交媒体

1. 你在国内通过 QQ 与英语本族语的人用英语进行打字交流

（1 2 3 4 5）

2. 你在国内通过 QQ 与英语本族语的人用英语进行语音交流

（1 2 3 4 5）

3. 你在国内通过 QQ 与英语本族语的人用英语进行视频交流

（1 2 3 4 5）

4. 你在国内通过 MSN 与英语本族语的人用英语进行打字交流

（1 2 3 4 5）

5. 你在国内通过微信与英语本族语的人用英语进行打字交流

（1 2 3 4 5）

6. 你在国内通过微信与英语本族语的人用英语进行语音交流

（1 2 3 4 5）

7. 你在国内通过微信与英语本族语的人用英语进行视频交流

（1 2 3 4 5）

8. 你在国内通过微博与英语本族语的人用英语进行打字交流

（1 2 3 4 5）

国外社交媒体

9. 你在国内通过 Skype 与英语本族语的人用英语进行打字交流

（1 2 3 4 5）

10. 你在国内通过 Skype 与英语本族语的人用英语进行语音交流

（1 2 3 4 5）

11. 你在国内通过 Skype 与英语本族语的人用英语进行视频交流

（1 2 3 4 5）

国内跨文化交流活动

12. 你在国内通过参加外国节日庆祝活动了解英语国家人们的文化

（1 2 3 4 5）

13. 你在国内通过参加外国文化交流日活动了解英语国家人们的

文化

（1 2 3 4 5）

14. 你在国内通过参加国际留学会展活动了解英语国家人们的文化

（1 2 3 4 5）

15. 你在国内通过参加文化类讲座（外国人）了解英语国家人们的
文化

（1 2 3 4 5）

16. 你在国内通过参加培训机构的外教英语培训课程了解英语国家
人们的文化

（1 2 3 4 5）

17. 你在国内通过学校里的外教了解英语国家人们的文化

（1 2 3 4 5）

国外跨文化交流活动

18. 你到国外通过参加国外带薪实习了解英语国家人们的文化

（1 2 3 4 5）

19. 你到国外通过参加国际学术会议了解英语国家人们的文化

（1 2 3 4 5）

20. 你到国外通过参加国外大学交换生了解英语国家人们的文化

（1 2 3 4 5）

21. 你到国外通过参加暑期国际夏令营了解英语国家人们的文化

（1 2 3 4 5）

22. 你到国外通过参加寒假国际冬令营了解英语国家人们的文化

（1 2 3 4 5）

23. 你到国外通过参加国际志愿者活动了解英语国家人们的文化

（1 2 3 4 5）

间接接触

文化产品

24. 你在国内通过在线网络课程了解英语国家人们的文化

（1 2 3 4 5）

25. 你在国内通过阅读纸质书籍了解英语国家人们的文化

（1 2 3 4 5）

26. 你在国内通过阅读电子书籍了解英语国家人们的文化

（1　2　3　4　5）

27. 你在国内通过阅读纸质报纸杂志了解英语国家人们的文化

（1　2　3　4　5）

28. 你在国内通过阅读电子报纸杂志了解英语国家人们的文化

（1　2　3　4　5）

多媒体与课程

29. 你在国内通过观看英文电影了解英语国家人们的文化

（1　2　3　4　5）

30. 你在国内通过听英文歌曲了解英语国家人们的文化

（1　2　3　4　5）

31. 你在国内通过上大学英语课程了解英语国家人们的文化

（1　2　3　4　5）

附录 Ⅲ

中国大学生跨文化能力量表

中国大学生跨文化能力量表（吴卫平，2013）

亲爱的同学：

你好！

该问卷是针对中国大学生的跨文化能力评估调查。本问卷采用匿名形式，问卷结果只用于学术研究，对你的个人信息绝对保密。请你认真完成问卷里面的每一个问题，谢谢你的大力支持！

第一部分　个人信息（请根据你的实际情况做出选择或填空）

1. 性别：A. 男　B. 女

2. 年级：A. 大一　B. 大二　C. 大三　D. 大四

3. 你的专业是：

4. 你的英语水平考试成绩：（请填写单项和总分成绩）

托福（总分　　听力　　口语　　阅读　　写作）

雅思（总分　　听力　　口语　　阅读　　写作）

5. 我曾经出过国：A. 是　　　B. 否　　　如果是，在国外停留多长时间？＿＿＿＿＿＿＿＿＿

6. 我在国内与来自不同文化的人（外国人）接触的次数：

A. 每天一次及以上　B. 每周一次及以上　C. 每月一次及以上

D. 每年一次及以上　E. 没有

第二部分 跨文化能力自评量表（吴卫平，2013）

填写说明：本部分是中国大学生跨文化能力自评量表，包括六个方面（本国文化知识、外国文化知识、态度、跨文化交流技能、跨文化认知技能和意识）。请依据你自己的实际情况，从"1"到"5"中选择一个数字进行自我评分并在数字上打钩（"1"代表程度最低，依次递增，"5"代表程度最高），具体参照如下：

1	2	3	4	5
非常弱/些微	较弱/ 较少	一般/一些	较强/较多	非常强/非常多

1. 本国文化知识

（1）了解本国的历史知识

（1 2 3 4 5）

（2）了解本国的社会规范知识

（1 2 3 4 5）

（3）了解本国的价值观知识

（1 2 3 4 5）

2. 外国文化知识

（4）了解外国的历史知识

（1 2 3 4 5）

（5）了解外国的社会规范知识

（1 2 3 4 5）

（6）了解外国的价值观知识

（1 2 3 4 5）

（7）了解外国的文化禁忌知识

（1 2 3 4 5）

（8）了解外国人言语行为知识

（1 2 3 4 5）

（9）了解跨文化交流与传播等概念的基本知识

（1 2 3 4 5）

（10）了解一些成功进行跨文化交流的策略和技巧

（1 2 3 4 5）

3．态度

（11）愿意和来自不同文化的外国人进行交流和学习

（1 2 3 4 5）

（12）愿意尊重外国人的生活方式和习俗

（1 2 3 4 5）

（13）愿意学好外国语言和文化

（1 2 3 4 5）

4．跨文化交流技能

（14）出现跨文化交流误解时和对方协商的能力

（1 2 3 4 5）

（15）出现语言交流障碍时借助身体语言或其他非语言方式进行交流的能力

（1 2 3 4 5）

（16）使用外语和来自不同社会文化背景和领域的人进行成功交流的能力

（1 2 3 4 5）

（17）在与外国人交流时礼貌对待他们的能力

（1 2 3 4 5）

（18）在与外国人交流时尽量避免用不恰当的语言和行为冒犯他们的能力

（1 2 3 4 5）

（19）在与外国人交流时尽量避免对他们产生偏见的能力

（1 2 3 4 5）

（20）在与外国人交流时会避免提到他们有关隐私话题的能力

（1 2 3 4 5）

（21）具有对跨文化差异敏感性的能力

（1 2 3 4 5）

（22）看待其他国家发生的事件时会从对方文化和多角度看问题的能力

（1 2 3 4 5）

5. 跨文化认知技能

（23）具备通过与外国人的接触直接获取跨文化交际相关知识的能力

（1 2 3 4 5）

（24）具备运用各种方法、技巧与策略帮助学习外国语言和文化的能力

（1 2 3 4 5）

（25）出现跨文化冲突和误解时进行反思和学习并寻求妥善解决途径的能力

（1 2 3 4 5）

6. 意识

（26）意识到与外国人交流时彼此存在文化相似性和差异性

（1 2 3 4 5）

（27）意识到与外国人交流时文化身份的差异性

（1 2 3 4 5）

（28）意识到要基于不同文化视角审视跨文化交流情景

（1 2 3 4 5）

附录 IV

本书研究发表的论文

序号	成果名称	成果形式	出版社及出版时间或发表刊物及刊物年期
1	A comprehensive evaluation of Chinese college students' intercultural competence	论文	*International Journal of Intercultural Relations*, 2015 年第 47 期, SSCI 检索
2	Measuring intercultural contact and its effects on intercultural competence: A structural equation modeling approach	论文	*International Journal of Intercultural Relations*, 2016 年第 53 期, SSCI 检索
3	A Study of Fuzzy Comprehensive Evaluation of Engineering Students' Intercultural Competence	论文	Proceedings of the 12th International Conference on Innovation & Management, 2015 年 10 月, CPCI 检索
4	跨文化能力视域下的中国大学生跨文化接触路径研究	论文	《外语界》2016 年第 1 期, CSSCI 检索, 外语类核心
5	跨文化传播视域中的陌生化翻译策略研究	论文	《中国地质大学学报》(社会科学版) 2015 年第 6 期, CSSCI 检索, 中文核心

后　记

本书从选题、调研到撰写经历了几年不懈的努力，终于在今年完成了项目研究和专著的全部内容。回望这几年来的艰辛终成文字，感慨万千，犹如"凤凰涅槃，浴火重生"。蓦然回首，酸甜苦辣，感恩亏欠，难以言表。

感谢我院领导的鼓励和支持；感谢课题组老师和我的研究生们参与相关数据收集工作；感谢我的父母、妻子和儿子的大力支持和鼓励！

作　者

2016 年 9 月于武汉